高等学校小语种系列规划教材

新标准大学日语

（第一册）

总主编　金　山
主　编　张宝红　陶　箭
审　订　木村宪史
编　者（以下编者以汉语拼音为序）
　　　　陈贺丽　陈　莹　贺　方　洪艳荣
　　　　赵宏涛　张宝红　张　彬
插　图　刘依帆

华中科技大学出版社
中国·武汉

图书在版编目(CIP)数据

新标准大学日语(第一册)/张宝红　陶　箭　主编. —武汉：华中科技大学出版社，2010.8(2025.2重印)
ISBN 978-7-5609-6296-2

Ⅰ.新… Ⅱ.①张… ②陶… Ⅲ.日语-高等学校-教材 Ⅳ.H36

中国版本图书馆 CIP 数据核字(2010)第 100925 号

新标准大学日语(第一册)

张宝红　陶　箭　主编

策划编辑：刘　平
责任编辑：刘　平
封面设计：范翠璇
责任校对：李　琴
责任监印：徐　露

出版发行：华中科技大学出版社(中国•武汉)　　电话：(027)81321913
　　　　　武汉市东湖新技术开发区华工科技园　　邮编：430223
录　　排：华中科技大学惠友文印中心
印　　刷：广东虎彩云印刷有限公司
开　　本：787mm×1092mm　1/16
印　　张：10.5
字　　数：250 千字
版　　次：2025 年 2 月第 1 版第 7 次印刷
定　　价：48.00 元

本书若有印装质量问题，请向出版社营销中心调换
全国免费服务热线：400-6679-118　　竭诚为您服务
版权所有　侵权必究

一、编写背景

近年来,随着越来越多高校开设日语专业,以及不少高校增加了二外日语课程,我国高校日语教学出现了蓬勃发展的势头。同时,随着教学理念的不断更新,外语教学也更加关注培养学生的语言运用能力。受其影响,国际日本语能力测试从2010年起呈现了新的变化,不但考试等级增加到了5级,内容上也更加侧重考察学生的实际运用能力。这些变化无疑对日语教材的编写提出了新的更高要求。但是,目前高校使用的不少日语教材普遍存在着内容简单陈旧、语法解释不通俗不系统等问题,给日语学习者造成了一定的不便。为了适应形势变化对日语教材编写提出的新要求,我们组织了部分长期从事日语教学的高校教师,结合当前高校日语教学的新特点和新要求,从满足学生日语学习的实际出发,精心编写了这套《新标准大学日语》。

二、编写原则

(1) 教材参照《高等院校日语专业基础阶段教学大纲》、《大学日语第二外语课程教学要求》和《国际日本语能力测试新出题基准》等书编写,难度适中,适合本科、研究生的二外教学,也适用于日语专业教学。

(2) 教材编写既重视日语基础语言知识,又注重日语实际运用能力,力求培养学生的听、说、读、写、译五项综合技能。

(3) 教材编排循序渐进,充分考虑到中国学生的认知特点及语言习得规律。

(4) 教材基本采用日语教育语法体系,兼顾传统学校语法术语,语法解释简洁易懂。

(5) 课文例句时代性强,贴近当代大学生的日常生活,语言力求纯正、地道。

（6）练习题形式多样，既有基础语言知识点练习，又有技能训练，还加入了实际场景会话练习，培养学生的实际运用能力。

（7）教材图文并茂，生动有趣。

三、教材构成

本套教材共分 4 册，每册由 15 课组成，其中穿插有阶段性总结及模拟试题。4 册全部学完可达日语国际能力测试 2 级水平。每课由学习目标和句型提示、会话、课文、生词表、语法解释、词语表达解释、练习用生词、练习、小栏目等部分构成。每课学习目标明确，一目了然。会话围绕贴近学生生活的各种场景展开。课文短小精悍，语法解释简单易懂。课后练习围绕每课的基本知识点展开，兼顾听、说、读、写、译等各项技能的训练和国际日本语能力测试的题型。小栏目主要介绍日语特点、日本社会文化、中日文化差异等，阶段性总结囊括重要知识点，方便学生理解记忆，附录包括单词索引、语法句型索引，方便学生查阅。另外，本套教材有配套教师参考书。

本套教材经全体编写人员仔细斟酌，在反复研讨、几经修改充实的基础上编写而成。但由于编者水平所限，书中疏漏错误在所难免，恳请专家和广大读者批评指正。

《新标准大学日语》编写委员会
2010 年 2 月

本册使用说明

一、本册的结构

本册教材由 15 课构成，其中第 1 课至第 3 课为语音部分，第 9 课和第 15 课后分别设有阶段性总结及模拟试题。附录包括单词索引和语法项目索引，其中单词索引只包括正文生词表、练习用生词及所有词缀。

二、学习时间

每课学习时间平均为 4 学时，全册学习时间为 60 学时。

三、各课内容与结构

1. 学习目标及学习要点

提示各课学习目标及语法重点。语法重点平均每课 4~5 个，均以例句形式列出。

2. 会话

以现代大学生的学习及生活场景为背景，结合各课的学习重点编写而成。

3. 课文

包括记叙文和日记，以书面语形式对会话内容进行归纳总结，拓展升华。

4. 生词表

每课平均 30 个。对会话和课文中的生词，在读音、声调、词性和意义等方面进行解释。有汉字且汉字常用的生词，以汉字（读音）的形式列出。而有汉字但汉字不常用的生词，则以读音（汉字）的形式列出。

5. 语法解释

简明扼要地对学习项目进行解释，包括对各种谓语句的形态变化及初级阶段应掌握的助词、句型等的解释。

6. 词语表达的解释

主要对会话和课文中出现的重点词汇、常用表达方式进行解释。

7. 练习用生词

每课平均 12 个，对出现在课后练习中的生词进行解释。

8. 练习

练习主要包括文字词汇练习、助词练习、句型替换练习、翻译练习以及会话练习等。

部分题型采用国际日本语能力测试的形式，还设置了简短的口语练习。

9. 小栏目

根据各课内容，精选相关的日本的社会、文化知识加以介绍。

四、缩略语及符号

本册书中使用的主要缩略语及符号有：

名：名词	专名：专有名词	代：代词
形：形容词（イ形容词）		形动：形容动词（ナ形容词）
动1：1类动词（五段动词）		动2：2类动词（一段动词）
动3：3类动词（サ变动词和カ变动词）		自：自动词
他：他动词	副：副词	助：助词
连体：连体词	接：接续词	感：感叹词

⓪①②③④等为声调符号。

五、主要人物

王亮：某大学工学系计算机专业二年级学生，第二外语为日语。
张莉：某大学外语系英语专业三年级学生，第二外语为日语。
李玲：某大学外语系日语专业二年级学生，第二外语为英语。
上野健一：某大学日语专业日本外教，担任一、二年级日语口语课。
铃木浩介：日本某大学三年级学生，李玲的网友。

- 日语基础知识 ....(1)
- 第1课　音声（1）..(4)
- 第2课　音声（2）..(10)
- 第3课　音声（3）..(14)
- 第4课　私は学生です..(20)
- 第5课　これは家族の写真です......................................(30)
- 第6课　去年、ここは四年生の教室でした......................(40)
- 第7课　今日は涼しいです..(49)
- 第8课　パーティーは賑やかで、楽しかったです.............(60)
- 第9课　電子辞書は紙の辞書より高いです......................(71)

第一阶段小结..(80)

第一阶段模拟试题..(82)

- 第10课　インターネットをします.................................(85)
- 第11课　三人でチャットをしませんか...........................(96)
- 第12课　万里の長城は北京の北にあります....................(105)
- 第13课　今、日本語の宿題をしています.......................(116)
- 第14课　よく見てください...(127)

- **第 15 课　誕生日プレゼントをもらいました** ....(136)
- 第二阶段小结 ....(146)
- 第二阶段模拟试题 ....(148)
- **附录 1　单词索引** ....(151)
- **附录 2　语法项目索引** ....(160)

日语基础知识

一、日语的文字

在古代，日本只有语言而没有用以记录语言的文字。中国的汉字传入日本后，日本人开始使用汉字记录日语的音节，从而产生了相对于汉字（正式文字）而言的"假名"（假借文字）。现代日语中有平假名和片假名两种假名，两者都大约形成于日本的平安时代（8世纪末到12世纪末）初期。平假名由汉字的草书演变而成，笔画较为圆滑，而片假名取自于汉字的偏旁部首，笔画棱角分明。

现代日语的文字体系主要包括汉字（漢字、かんじ）、平假名（平仮名、ひらがな）、片假名（片仮名、かたかな）和罗马字（ローマ字、羅馬字）。书写时多用汉字和平假名，片假名多用于书写外来词和象声词等，罗马字主要用于标注日语读音，类似于汉语中的拼音，一般用于护照、名片、商标、路标等，也用于在电脑、手机等电器上输入日语。例如：

赤いTシャツを買った（あかいTシャツをかった）。

这句话就是由"赤""買"这两个汉字、"い""を""っ""た"这四个平假名、"シャツ"这个片假名外来词，以及"T"这个罗马字构成的，意为"我买了一件红色T恤衫"。

二、日语的发音

日语的基本发音单位为假名，一个假名代表一个音节，每个假名都有平假名、片假名和罗马字三种写法。现代日语中共有假名71个，包括45个清音（清音、せいおん）、20个浊音（濁音、だくおん）、5个半浊音（半濁音、はんだくおん）和1个拨音（撥音、はつおん），另外还有由其中某些音节组合而成的拗音（拗音、ようおん）。其中，45个清音是日语发音的基础，按照发音规律可排列成表，横向称为"行（行、ぎょう）"，竖列称为"段（段、だん）"。每行5个假名，共有十行；每段十个假名，共有五段，称为五十音图（五十音図、ごじゅうおんず）。其中"い""え"各出现三次，"う"出现两次，所以实际只有45个清音假名。拨音不属于清音，但习惯上列入清音表。以下图表是含有平假名（平）、片假名（片）和罗马字（羅）三种写法的五十音图表。

段\行	あ段			い段			う段			え段			お段		
	平	片	羅	平	片	羅	平	片	羅	平	片	羅	平	片	羅
あ行	あ	ア	a	い	イ	i	う	ウ	u	え	エ	e	お	オ	o
か行	か	カ	ka	き	キ	ki	く	ク	ku	け	ケ	ke	こ	コ	ko

续表

行＼段	あ段 平	あ段 片	あ段 羅	い段 平	い段 片	い段 羅	う段 平	う段 片	う段 羅	え段 平	え段 片	え段 羅	お段 平	お段 片	お段 羅
さ行	さ	サ	sa	し	シ	si/shi	す	ス	su	せ	セ	se	そ	ソ	so
た行	た	タ	ta	ち	チ	ti/chi	つ	ツ	tu/tsu	て	テ	te	と	ト	to
な行	な	ナ	na	に	ニ	ni	ぬ	ヌ	nu	ね	ネ	ne	の	ノ	no
は行	は	ハ	ha	ひ	ヒ	hi	ふ	フ	hu/fu	へ	ヘ	he	ほ	ホ	ho
ま行	ま	マ	ma	み	ミ	mi	む	ム	mu	め	メ	me	も	モ	mo
や行	や	ヤ	ya	い	イ	i	ゆ	ユ	yu	え	エ	e	よ	ヨ	yo
ら行	ら	ラ	ra	り	リ	ri	る	ル	ru	れ	レ	re	ろ	ロ	ro
わ行	わ	ワ	wa	い	イ	i	う	ウ	u	え	エ	e	を	ヲ	wo
撥音	ん	ン	n												

三、日语的词汇

在日本，日常使用的日语词典一般有 6 万至 8 万个词条。据日本国立国语研究所对 90 种现代杂志的调查，除专有名词外，日本社会通常使用的大致词汇量在 3 万余条。而国际日本语能力测试 1 级水平要求掌握 1 万个词。

日语词汇可以按词源分为和语词（和語、わご）、汉语词（漢語、かんご）、外来词（外来語、がいらいご）以及这三类词复合组成的混合词（混種語、こんしゅご）。和语词是日本的固有词汇；汉语词源自古代汉语，本应属于外来词，但现在一般不把汉语词视为外来词；而外来词主要指源自近代欧美的词汇。例如：

和语词：山（やま）・秋（あき）・食べる（たべる）

汉语词：大学生（だいがくせい）・外国（がいこく）・漢語（かんご）

外来词：コート（coat）・スカート（skirt）・タクシー（taxi）

混合词：ローマ字（ローマじ）

在日常生活中，日本人多使用和语词，而在比较正式的场合，则多使用汉语词。另外，近年来，外来词有增加的倾向。

四、日语的语法

日语语法和汉语相比较，具有下面几个显著特征。

1. 谓语在句末

他动词（及物动词）作谓语时，句子结构为主语－宾语－谓语。日语的句子构成一

一般为名词（代词等）－助词－名词－助词－……－谓语。例如：

私は　朝ご飯を　食べる。
わたしは　あさごはんを　たべる。　　我吃早饭。
私は 7時に　バスで　学校へ　行く。
わたしは　しちじに　バスで　がっこうへ　いく。我7点乘公交车去学校。

2. 助词决定句子意义

助词一旦发生变化，句子意义将发生很大变化。例如：
張さんが王さんに李さんを紹介した。
ちょうさんがおうさんにりさんをしょうかいした。小张向小王介绍了小李。
張さんに王さんが李さんを紹介した。小王向小张介绍了小李。
張さんを王さんに李さんが紹介した。小李向小王介绍了小张。

3. 有词形变化

能直接作谓语的动词、形容词、形容动词等词类都有词形变化，词形不同表达的意义也不同。例如：

私は行く。わたしはいく。我去。
私は行かない。わたしはいかない。我不去。
私は行った。わたしはいった。我去过了。
私は行かなかった。わたしはいかなかった。我没去。

4. 有简体、敬体之分

说话双方会根据身份地位等关系的不同，采用不同的表达形式。例如：
私は行く。わたしはいく。我去。（对方为关系亲近的人）
私は行きます。わたしはいきます。我去。（对方为关系不太熟悉的人）
私は参ります。わたしはまいります。我去。（对方为需要尊敬的人）

日语基础知识

第1课　音声（1）

学习目标：掌握日语的发音及声调
学习重点：
① 声调
② あ行、か行、が行、さ行、ざ行、た行、だ行假名

✧ 声调（アクセント）

日语声调具有词语分界和辩义功能，可分为"平板型"和"起伏型"两种，其中，"起伏型"又可细分为"头高型"、"中高型"、"尾高型"。在单词表中，"平板型"一般标记为"⓪型"，"头高型"标记为"①型"，"中高型"和"尾高型"根据单词的节拍数来定，音高开始下降的那个音节是第几音拍就标记为几型音，通常有②型、③型、④型、⑤型、⑥型……等。具体发音规律如下：

平板型（⓪型）：第1拍低，其他各拍都高。例：大学（だいがく）
头高型（①型）：第1拍高，其后各拍都低。例：中国（ちゅうごく）
中高型（以②型、③型、④型为例）：
② 型：第1拍低，第2拍高，其后各拍都低。例：日本（にほん）
③ 型：第1拍低，第2、3拍高，其后各拍都低。例：可爱い（かわいい）
④ 型：第1拍低，第2、3、4拍高，其后各拍都低。例：暖かい（あたたかい）
其他中高型声调以此类推。
尾高型：第1拍低，第2拍开始高，高至尾部。例：花（はな）②・妹（いもうと）④
需要注意的是，"尾高型"和"平板型"的单词发音虽然很接近，但后接助词时，"尾高型"后的助词读低声调，而"平板型"后的助词仍读高声调。 例如：
花（②）が咲いた。（はながさいた）　　花开了。
鼻（⓪）が長い。（はながながい）　　鼻子很长。

✧ あ行

平假名	あ	い	う	え	お
片假名	ア	イ	ウ	エ	オ
罗马字	a	i	u	e	o

"あ行"的五个假名是日语中仅有的五个元音，其他各行假名基本都是由辅音与这五个元音拼合而成。

"あ"在五个元音中舌位最低，张口程度最大，口部纵向和横向开度略小于汉语的"a"。"い"的舌位靠前，张口程度与汉语的"i"接近，但口部横向开度小于汉语，舌部与唇部肌肉相对放松。"う"的舌位靠后，张口程度在五个元音中最小，唇形扁平，双唇不像发汉语的"u"时那样向前突出。"え"的舌位和张口程度在"あ"和"い"之间，舌部肌肉相对紧张，嘴唇成扁圆形。"お"的舌位和张口程度在"あ"和"う"之间，舌位略高于汉语的"o"，嘴唇略收圆。注意不要发成双元音"ou"。例词如下：

あい 愛①	あ 会う（见面）①	あお 青い②	い 言う（说）⓪
いえ 家②	うえ 上⓪	え 絵（画儿）①	おい 甥⓪	お 追う⓪

◇ か行、が行

か行	平假名	か	き	く	け	こ
	片假名	カ	キ	ク	ケ	コ
	罗马字	ka	ki	ku	ke	ko
が行	平假名	が	ぎ	ぐ	げ	ご
	片假名	ガ	ギ	グ	ゲ	ゴ
	罗马字	ga	gi	gu	ge	go

"か行"的五个假名由清辅音[k]分别和"あ行"的五个元音拼合而成，发音时声带不振动。"が行"的五个假名是由浊辅音[g]分别和"あ行"的五个元音拼合而成，书写方法是在清音假名的右上方加"゛"。浊辅音[g]的发音要领与清辅音[k]相同，不同之处在于发浊辅音[g]时声带振动。如果"が行"假名出现在词首以外（词中或词尾）的位置时，原则上发鼻浊音，发音时关闭口腔通道，使气流从鼻腔呼出。例词如下：

あか 赤（红色）①	あき 秋①	い 行く（去）⓪	えき 駅（车站）①
かき 柿⓪	か 書く（写）①	かこ 過去①	きき 危機①	き 聞く（听；问）⓪
あご 顎②	いぎ 意義①	うご 動く（动）②	えがお 笑顔（笑脸）①
かいぎ 会議①	かがく 科学①	がか 画家⓪	げき 劇①	ごご 午後（下午）①

✧ さ行、ざ行

	平假名	さ	し	す	せ	そ
さ行	片假名	サ	シ	ス	セ	ソ
	罗马字	sa	si/shi	su	se	so
	平假名	ざ	じ	ず	ぜ	ぞ
ざ行	片假名	ザ	ジ	ズ	ゼ	ゾ
	罗马字	za	zi/ji	zu	ze	zo

"さ行"为清音,其中"し"和"す"的发音有些特殊。"し"是由清辅音[ʃ]和元音[i]拼合而成,接近汉语拼音"x";"す"听上去接近汉语拼音"s",但舌面比"s"要高。同样,浊音"ざ行"假名中的"じ"和"ず"的发音也需注意。"じ"接近汉语拼音"j","ず"接近汉语拼音"z",同时由于是浊音,发音时声带要振动。

另外,"し"和"じ"有两种罗马字拼写。前者的辅音与其他假名一致,不仅有利于记忆,也便于电脑输入。但在护照名字等正式场合,后者用得更多一些。例词如下:

あさ　　　　　あし　　　　　あせ　　　　うそ
朝（早上）①　足（脚）②　　汗①　　　　嘘（谎言）①
かさ　　　　　きし　　　　　さけ　　　　すし　　　　せき
傘①　　　　　岸②　　　　　酒⓪　　　　お寿司②　　席（座位）①
おじ　　　　　かじ　　　　　かず　　　　かぜ　　　　かぞく
叔父⓪　　　　火事（火灾）①　数①　　　風⓪　　　　家族（家人）①
きず　　　　　しじ　　　　　ざいがく　　　　　　　じあい
傷⓪　　　　　指示①　　　　在学（在校）⓪　　　自愛（珍重）⓪

✧ た行、だ行

	平假名	た	ち	つ	て	と
た行	片假名	タ	チ	ツ	テ	ト
	罗马字	ta	ti/chi	tu/tsu	te	to
	平假名	だ	ぢ	づ	で	ど
だ行	片假名	ダ	ヂ	ヅ	デ	ド
	罗马字	da	zi/ji	zu	de	do

在"た行"清音中,"ち"和"つ"的辅音分别为[tʃ]和[ts],发音接近汉语拼音"q"和"c"。"だ行"浊音中,"ぢ"和"づ"的发音与"ざ行"的"じ"、"ず"完全相同,但需要注意的是,两者的书写不一致,且电脑输入时使用的罗马字也不同,只有输入"di"、"du"才能显示"ぢ"、"づ"。例词如下:

あした 明日③	おとこ 男③	かた 硬い②	たか 高い②	ちしき 知識①
ちず 地図①	つか 使う⓪	つくえ 机（桌子）⓪	て 手①	とし 都市①
だいがく 大学⓪	ちかぢか 近々（近日）②	つづ 続く⓪	であ 出会い（相遇）⓪	
でぐち 出口①	とど 届く（寄到）②	ドイツ（德国）①	はなぢ 鼻血⓪	

練習問題
（れんしゅうもんだい）

一、练习发音。

あえい　あおう　あえいうえおあお　あいうえお
かけき　かこく　かけきくけこかこ　かきくけこ
がげぎ　がごぐ　がげぎぐげごがご　がぎぐげご
させし　さそす　させしすせそさそ　さしすせそ
ざぜじ　ざぞず　ざぜじずぜぞざぞ　ざじずぜぞ
たてち　たとつ　たてちつてとたと　たちつてと
だでぢ　だどづ　だでぢづでどだど　だぢづでど

二、根据声调，认读下列单词。

（1）あか
赤①　　　　あか
垢②
（2）うす
薄い⓪②　　うすい
雨水①
（3）かき
柿⓪　　　　かき
花期①　　　　かき
垣②
（4）きし
棋士①　　　きし
岸②
（5）しか
鹿⓪　　　　しか
歯科①
（6）す
空く⓪　　　　す
好く①
（7）せき
席①　　　　せき
咳②
（8）ちり
塵⓪　　　　ちり
地理①
（9）つる
吊る⓪　　　つる
鶴①
（10）とき
朱鷺①　　　とき
時②

第一课

三、认读下列单词，注意清音和浊音的不同。

(1) 貸す⓪　　　数①　　　ガス①
(2) キス①　　　傷⓪　　　議す①
(3) 季節①　　　気絶⓪　　義絶⓪
(4) 此処⓪　　　古語①　　午後①
(5) 坂②　　　　性①　　　座臥①
(6) 四季②①　　時期①　　時宜①
(7) 示唆①　　　視座①　　時差①
(8) 体格⓪　　　退学⓪　　大学⓪
(9) 大使①　　　大師①　　大事③
(10) 多子①　　　多事①　　山車②

四、认读句子。

(1) 書いてください。　　请写下来！
(2) 聞いてください。　　请注意听！
(3) 来てください。　　　请过来！
(4) 答えてください。　　请回答！
(5) 好きです。　　　　　喜欢！

五十音图平假名笔顺

あ	い	う	え	お
か	き	く	け	こ
さ	し	す	せ	そ
た	ち	つ	て	と
な	に	ぬ	ね	の
は	ひ	ふ	へ	ほ
ま	み	む	め	も
や	(い)	ゆ	(え)	よ
ら	り	る	れ	ろ
わ	(い)	(う)	(え)	を
ん				

片假名笔顺

ア	イ	ウ	エ	オ
カ	キ	ク	ケ	コ
サ	シ	ス	セ	ソ
タ	チ	ツ	テ	ト
ナ	ニ	ヌ	ネ	ノ
ハ	ヒ	フ	ヘ	ホ
マ	ミ	ム	メ	モ
ヤ	(イ)	ユ	(エ)	ヨ
ラ	リ	ル	レ	ロ
ワ	(イ)	(ウ)	(エ)	ヲ
ン				

第一课

第2课　音声（2）

学习目标：掌握日语基础发音知识
学习重点：な行、は行、ぱ行、ば行、ま行、や行、ら行、わ行

◇ な行

平假名	な	に	ぬ	ね	の
片假名	ナ	ニ	ヌ	ネ	ノ
罗马字	na	ni	nu	ne	no

"な行"的五个假名是由辅音[n]与五个元音拼成，辅音的发音和汉语拼音"n"基本相同。例词如下：

犬（狗）⓪　　稲①　　蟹⓪　　絹（丝绸）①
中①　　夏②　　肉②　　布⓪　　猫①　　喉①

◇ は行、ぱ行、ば行

	平假名	は	ひ	ふ	へ	ほ
は行	片假名	ハ	ヒ	フ	ヘ	ホ
	罗马字	ha	hi	hu/fu	he	ho
	平假名	ぱ	ぴ	ぷ	ぺ	ぽ
ぱ行	片假名	パ	ピ	プ	ペ	ポ
	罗马字	pa	pi	pu	pe	po
	平假名	ば	び	ぶ	べ	ぼ
ば行	片假名	バ	ビ	ブ	ベ	ボ
	罗马字	ba	bi	bu	be	bo

"は行"的"は"、"へ"、"ほ"三个假名是由辅音[h]和相应的元音拼合而成，调音点在咽喉。"ひ"和"ふ"的辅音特殊，调音点分别在硬腭和双唇之间。"ぱ行"和"ば行"辅音的发音与汉语拼音"p"、"b"基本相同，但发"ば行"假名时声带要振动，发

"ぱ行"假名时声带不振动。"ぱ行"其实是清音，但习惯上把"ぱ行"和"ば行"分别称作"は行"相对应的半浊音和浊音，半浊音的书写是在清音假名的右上方添加"゜"。例词如下：

母① 皮膚① 深い② 下手（不擅长）②
星② タイプ（type）① パイプ（pipe）⓪
ピアノ（piano）⓪ ペア（pair）① ポスト（post）①
バス（bus）① ビザ（visa）① ベスト（best）①

✧ ま行

平假名	ま	み	む	め	も
片假名	マ	ミ	ム	メ	モ
罗马字	ma	mi	mu	me	mo

"ま行"的五个假名，分别由辅音[m]和五个元音拼合而成，其发音方法与汉语拼音"m"基本相同，双唇紧闭，使气流从鼻腔通过。例词如下：

小麦⓪ 米② 名前⓪ ママ（妈妈）① 豆②
耳② 店② 昔（过去）⓪ 紅葉① 桃⓪

✧ や行

平假名	や	（い）	ゆ	（え）	よ
片假名	ヤ	（イ）	ユ	（エ）	ヨ
罗马字	ya	(i)	yu	(e)	yo

"や行"假名中，"い"和"え"与"あ行"的"い"和"え"相同，"や"、"ゆ"、"よ"由半元音[j]和相应元音拼合而成。例词如下：

泳ぐ（游泳）② 冬② 部屋（房间）②
野菜（蔬菜）⓪ 雪② 夢② 夜①

✧ ら行

平假名	ら	り	る	れ	ろ
片假名	ラ	リ	ル	レ	ロ
罗马字	ra	ri	ru	re	ro

第2课

"ら行"的五个假名分别由辅音[r]和五个元音拼合而成。发[r]时，嘴唇张开，使舌尖抵住上齿龈，堵住气流的鼻腔通道，振动声带，使气流从舌两侧流出。例词如下：

かれ　　　さくら
彼（他）①　桜⓪　　する（做）⓪　ラジオ（radio）①
りえき　　りかい　　　るす　　　　　ろじ
利益①　　理解①　　留守（看家）①　路地（小巷）①

◆ わ行

平假名	わ	（い）	（う）	（え）	を
片假名	ワ	（イ）	（ウ）	（エ）	ヲ
罗马字	wa	(i)	(u)	(e)	wo

"わ行"的"い"、"う"、"え"和"あ行"的"い"、"う"、"え"相同。"わ"由半元音[w]与[a]拼合而成。"を"的发音同"あ行"的"お"，但写法及电脑输入所用罗马字不同，且只用于助词。例词如下：

かわ　　　　こわ　　　　　　　しあわ
川（河）②　怖い（可怕）②　幸せ（幸福）⓪
ゆびわ　　　　　わか　　　　　　わたし
指輪（戒指）⓪　若い（年轻）②　私（我）⓪

練習問題
れんしゅうもんだい

一、练习发音。

```
なねに　　なのぬ　　なねにぬねのなの　　なにぬねの
はへひ　　はほふ　　はへひふへほはほ　　はひふへほ
ぱぺぴ　　ぱぽぷ　　ぱぺぴぷぺぽぱぽ　　ぱぴぷぺぽ
ばべび　　ばぼぶ　　ばべびぶべぼばぼ　　ばびぶべぼ
まめみ　　まもむ　　まめみむめもまも　　まみむめも
やえい　　やよゆ　　やえいゆえよやよ　　やいゆえよ
られり　　らろる　　られりるれろらろ　　らりるれろ
あかさたな　　はまやらわ
いきしちに　　ひみいりい
うくすつぬ　　ふむゆるう
えけせてね　　へめえれえ
おこそとの　　ほもよろを
```

二、根据声调，认读下列单词。

(1) 蛙⓪ 　　　　　　 変える⓪ 　　　　　　 帰る①
(2) 貫⓪ 　　　　　　 抜き①
(3) 端⓪ 　　　　　　 箸① 　　　　　　 　　橋②
(4) 鼻⓪ 　　　　　　 花②
(5) ホテル① 　　　　　 火照る②
(6) 巻く⓪ 　　　　　　 撒く①
(7) 虫⓪ 　　　　　　 無視①
(8) メス① 　　　　　　 雌②
(9) 止む⓪ 　　　　　　 病む①
(10) 和解⓪ 　　　　　 若い②

三、认读下列单词，注意清音和半浊音、浊音的不同。

(1) 蓮⓪ 　　　　　　 バス① 　　　　　　 パス①
(2) 母① 　　　　　　 幅⓪ 　　　　　　　 パパ①
(3) 霏々① 　　　　　 日々① 　　　　　　 微々①
(4) 不快⓪ 　　　　　 部会① 　　　　　　 部外①
(5) ヘア① 　　　　　 ペア① 　　　　　　 ベア①
(6) 星⓪ 　　　　　　 保持① 　　　　　　 母子①

四、认读句子。

(1) いただきます。　　　　　我吃了。我开动了。
(2) お休みなさい。　　　　　晚安！
(3) ——ただいま。　　　　　我回来了。
　　——お帰り。　　　　　　（你）回来了！
(4) では、また。　　　　　　那么，再见！
(5) よろしくお願いします。　请多多关照！

第3课　音声（3）

学习目标：掌握日语基础发音知识
学习重点：拨音、长音、促音、拗音

✧ 撥音(はつおん)

平假名	ん
片假名	ン
罗马字	n

拨音是日语的一个特殊音节，发音时需堵住口腔，使气流从鼻腔流出。一般不单独使用，也不用于词首，只能接在其他音节之后，与其拼合构成音节，但发音时需占一拍的时长。另外，在电脑输入拨音"ん"时，一般需要输入两个"n"。例词如下：

安全(あんぜん)⓪　　運転(うんてん)（驾驶）⓪　　音楽(おんがく)①　　地震(じしん)⓪　　単語(たんご)⓪
電話(でんわ)⓪　　日本(にほん)②　　判断(はんだん)①　　問題(もんだい)⓪　　リンク（link）①

✧ 長音(ちょうおん)

将一个假名的发音时长延长一拍，即形成长音。
在用平假名书写时，长音的表示方法如下。
"あ段"假名的长音用"あ"表示，例如：お母さん（おかあさん、母亲）。
"い段"假名的长音用"い"表示，例如：お兄さん（おにいさん、哥哥）。
"う段"假名的长音用"う"表示，例如：夕方（ゆうがた、傍晚）。
"え段"假名的长音用"い"表示，例如：英語（えいご）；
　　　　有时也用"え"表示，例如：お姉さん（おねえさん、姐姐）。
"お段"假名的长音用"う"表示，例如：お父さん（おとうさん、父亲）；
　　　　有时也用"お"表示，例如：多い（おおい、多）。
在用片假名书写时，无论是哪一段的长音，都用"ー"表示。例如：カード（card）。
在用罗马字书写时，一般用"¯"、"^"、"："等符号或通过双写元音字母来表示。例如：キー（key）可以写作 kī・kî・ki：・kii。

例词如下：

<ruby>美<rt>うつく</rt></ruby>しい④　　<ruby>弟<rt>おとうと</rt></ruby>④　　<ruby>数学<rt>すうがく</rt></ruby>⓪　　<ruby>政治<rt>せいじ</rt></ruby>⓪　　<ruby>小<rt>ちい</rt></ruby>さい③
<ruby>放送<rt>ほうそう</rt></ruby>（广播）⓪　　<ruby>有名<rt>ゆうめい</rt></ruby>⓪　　<ruby>朗読<rt>ろうどく</rt></ruby>⓪　　ラーメン（拉面）①
カーテン（curtain）①　　コーヒー（coffee）③　　ルール（rule）①

◇ 促音 (そくおん)

促音也是日语的一个特殊音节。除外来词等个别情况以外，促音一般出现在"か行"、"さ行"、"た行"、"ぱ行"假名之前，占一拍的时长。发音时，在发完促音前的音节后，口形和舌位立即做好发促音后音节的准备，但不发音，短促地停顿一拍，然后再发出促音后的音节。书写时用小字体"っ"或"ッ"表示，例如：すっかり(完全)、ベッド（bed），以罗马字形式出现时，一般通过双写其后的辅音字母来表示，例如：日産（NISSAN）。

例词如下：

<ruby>一致<rt>いっち</rt></ruby>⓪　　<ruby>学科<rt>がっか</rt></ruby>⓪　　<ruby>学校<rt>がっこう</rt></ruby>⓪　　<ruby>切手<rt>きって</rt></ruby>（邮票）⓪　　<ruby>国家<rt>こっか</rt></ruby>①
<ruby>雑誌<rt>ざっし</rt></ruby>⓪　　<ruby>実践<rt>じっせん</rt></ruby>⓪　　<ruby>物価<rt>ぶっか</rt></ruby>⓪　　クラシック（classic）③

◇ 拗音 (ようおん)

在日语中，"五十音图"中的音节称为"直音（ちょくおん）"，而由"い段"假名和"や"、"ゆ"、"よ"拼成的音节称为"拗音"。书写时，要在"い段"假名右下角加上小字体的"ゃ"、"ゅ"、"ょ"，例如：きゃ・しゅ・ちょ等。拗音从书写上看由两个假名构成，但在发音时只占一拍的时长。直音有清浊之分，同样拗音也有清音和浊音之分，"が行"拗音"ぎゃ"、"ぎゅ"、"ぎょ"也有相对应的鼻浊音读法。另外，拗音也有相应的长音，拗长音的书写方式是在"あ段"拗音后加"あ"，"う段"和"お段"拗音后加"う"，外来语拗音后加"ー"。以下图表是日语中的拗音音节。

行	书写	あ段	う段	お段
か行	平假名	きゃ	きゅ	きょ
	片假名	キャ	キュ	キョ
	罗马字	kya	kyu	kyo
が行	平假名	ぎゃ	ぎゅ	ぎょ
	片假名	ギャ	ギュ	ギョ
	罗马字	gya	gyu	gyo

续表

行	书写	あ段	う段	お段
さ行	平假名	しゃ	しゅ	しょ
	片假名	シャ	シュ	ショ
	罗马字	sya/sha	syu/shu	syo/sho
ざ行	平假名	じゃ	じゅ	じょ
	片假名	ジャ	ジュ	ジョ
	罗马字	zya/ja	zyu/ju	zyo/jo
た行	平假名	ちゃ	ちゅ	ちょ
	片假名	チャ	チュ	チョ
	罗马字	tya/cha	tyu/chu	tyo/cho
だ行	平假名	ぢゃ	ぢゅ	ぢょ
	片假名	ヂャ	ヂュ	ヂョ
	罗马字	zya/ja	zyu/ju	zyo/jo
な行	平假名	にゃ	にゅ	にょ
	片假名	ニャ	ニュ	ニョ
	罗马字	nya	nyu	nyo
は行	平假名	ひゃ	ひゅ	ひょ
	片假名	ヒャ	ヒュ	ヒョ
	罗马字	hya	hyu	hyo
ぱ行	平假名	ぴゃ	ぴゅ	ぴょ
	片假名	ピャ	ピュ	ピョ
	罗马字	pya	pyu	pyo
ば行	平假名	びゃ	びゅ	びょ
	片假名	ビャ	ビュ	ビョ
	罗马字	bya	byu	byo
ま行	平假名	みゃ	みゅ	みょ
	片假名	ミャ	ミュ	ミョ
	罗马字	mya	myu	myo
ら行	平假名	りゃ	りゅ	りょ
	片假名	リャ	リュ	リョ
	罗马字	rya	ryu	ryo

例词如下：

お茶⓪（ちゃ）　　患者⓪（かんじゃ）　　休暇（休假）⓪（きゅうか）　　牛乳（牛奶）⓪（ぎゅうにゅう）

きょうしつ
教室⓪　　　こうきゅう
高級⓪　　　しゃしん
写真（照片）⓪　　　じゅぎょう
授業（上课）①

じょうけん
条件③　　　しょうりゃく
省略⓪　　　しょくどう
食堂⓪　　　しんにゅうせい
新入生（新生）③

じんみゃく
人脈（人际关系）⓪　　　チャンス（chance）①　　　ちゅうごく
中国①

ちょうさ
調査①　　　ニュース（news）①　　　びみょう
微妙⓪　　　びょういん
病院（医院）⓪

りゅうがく
留学⓪　　　りょうり
料理（烹饪；菜肴）①　　　ろうにゃくなんにょ
老若男女（男女老少）⑤

另外，日语外来词中还存在一种特殊的拗音，叫"合拗音"，合拗音的产生是为了使外来词的发音更接近原词。常见的合拗音有イェ・ウィ・ウェ・クァ・クィ・クェ・クォ・シェ・チェ・ツァ・ツィ・ツェ・ツォ・ティ・テュ・ファ・フィ・フェ・フォ・フュ等。在用罗马字进行电脑输入时，这些合拗音中的小字体假名可用"x"或"l"加该假名来输入，如输入"xi"或"li"，就可以打出"ぃ"。例词如下：

ウィーク（week）①　　　シェア（share）①　　　チェーン（chain）①

パーティー（party）①　　　ハードウェア（hardware）④

ファミリー（family）①　　　フィルム（film）①　　　フォーカス（focus）①

練習問題
れんしゅうもんだい

第3课

一、认读下列单词，注意有无拨音。

（1）あし
足②　　　あんし
暗視⓪　　　あんしん
安心⓪

（2）かじ
家事①　　　かんじ
漢字⓪　　　かじん
佳人①　　　かんじん
肝心⓪

（3）かば
河馬①　　　かんば
汗馬①　　　かばん
鞄⓪　　　かんばん
看板⓪

（4）さか
坂②　　　さかん
盛ん⓪　　　さんか
参加⓪　　　さんかん
山間⓪

（5）じし
侍史①　　　じんし
人士①　　　じしん
地震⓪　　　じんしん
人身⓪

（6）しゅか
主家①　　　しゅかん
主観⓪　　　しゅんかん
瞬間⓪

（7）たに
谷②　　　たん
単に①　　　たにん
他人⓪　　　たんにん
担任⓪

（8）はだ
肌①　　　はんだ
半田①　　　はだん
破談⓪　　　はんだん
判断⓪

（9）ぶか
部下①　　　ぶんか
文化①　　　ぶかん
武官①　　　ぶんかん
分館⓪

（10）ラマ①　　　らんま
乱麻①　　　ラマン①　　　らんまん
爛漫⓪

二、认读下列单词，注意区分长音和短音。

(1) きぼ 規模① 　　きぼう 希望◎
(2) くき 茎② 　　くうき 空気①
(3) くつ 靴② 　　くつう 苦痛◎
(4) ここ 此処◎ 　　ここう 虎口◎ 　　こうこ 考古① 　　こうこう 高校◎
(5) しゃこ 車庫① 　　しゃこう 社交◎
(6) そこ 其処◎ 　　そこう 素行◎ 　　そうこ 倉庫① 　　そうこう 草稿◎
(7) ふと ◎ 　　ふとう 不当◎ 　　ふうとう 封筒◎
(8) ほし 星◎ 　　ほうし 法師① 　　ほ 欲しい②
(9) ゆき 雪② 　　ゆうき 勇気①
(10) ゆめ 夢② 　　ゆうめい 有名◎

三、认读下列单词，注意有无促音。

(1) いち 位置① 　　いっち 一致◎
(2) がか 画家◎ 　　がっか 学科◎
(3) こき 古希① 　　こっき 国旗◎
(4) しかく 資格◎ 　　しっかく 失格◎
(5) じし 侍史① 　　じっし 実施◎
(6) せき 席① 　　せっき 石器◎
(7) はけん 派遣◎ 　　はっけん 発見◎
(8) ぶっか 物価◎ 　　ぶか 部下①
(9) まち 町② 　　マッチ①
(10) もと 元① 　　もっと①

四、认读下列单词，注意区分直音和拗音。

(1) いしや 石屋◎ 　　いしゃ 医者◎

（2）開始⓪　　　　会社⓪
（3）講義③　　　　工業①
（4）事業①　　　　授業①
（5）自由②　　　　十①
（6）私有地②　　　周知①
（7）都市①　　　　図書①
（8）費用①　　　　表⓪
（9）美容院②　　　病院⓪
（10）利用者②　　　両者①

五、认读句子。

（1）ありがとう（ございます）。　　谢谢您！
（2）おはよう（ございます）。　　　早上好！
（3）今日は。　　　　　　　　　　　你好！（用于白天）
（4）今晩は。　　　　　　　　　　　晚上好！
（5）さようなら。　　　　　　　　　再见！
（6）すみません。　　　　　　　　　对不起！

第4课　私は学生です

学習目標：自我介绍。

学習重点：
① 私は王です。工学部二年生の王です。
② あなたは日本語学科の学生ですか。
③ 私は日本語学科の学生ではありません。

◇ 会話

（某大学日语角）

王：初めまして、私は王です。どうぞよろしくお願いします。
李：李です。どうぞよろしく。
王：あなたは日本語学科の学生ですか。
李：はい、そうです。二年生です。王さんは？
王：私は日本語学科の学生ではありません。

（刚来到的张莉想加入两人的对话）

張：あのう、初めまして、私は張です……
王：はい、初めまして、工学部二年生の王です。
李：えっ、王さんは工学部の学生ですか。（转向张莉）あ、すみません、私、日本語学科二年生の李です。
王：はい、専門はコンピューターです。どうぞよろしく。
李：張さんは日本語学科の学生ですか。

張：いいえ、そうではありません。英語学科の三年生です。どうぞよろしく。（対话继续）

◇ 本文

　王さんたちは中国人です。日本人ではありません。大学生です。
　王さんは工学部コンピューター学科の二年生です。専門はコンピューターです。張さんは外国語学部英語学科の三年生です。専門は英語です。李さんは外国語学部日本語学科の二年生です。専門は日本語です。王さんは男の子です。張さんと李さんは女の子です。
　日本語は李さんの専門です。そして、王さんと張さんの第二外国語です。

◇ 単語

王（おう）①	（専名）	（姓氏）王
初めまして（はじめまして）④	（寒暄）	初次见面
私（わたし）⓪	（代）	我
どうぞ①	（副）	请
よろしく⓪	（副）	（寒暄）请多关照
李（り）①	（専名）	（姓氏）李
お願いします（おねがいします）⑥	（寒暄）	拜托
あなた（貴方）②	（代）	你，您

日本（にほん）②	（专名）	日本
学科（がっか）⓪	（名）	学科，专业
学生（がくせい）⓪	（名）	学生
はい①	（感）	（肯定回答）是，是的
そう①	（副）	那样
あのう⓪	（感）	嗯～；那个～
張（ちょう）①	（专名）	（姓氏）张
工学部（こうがくぶ）③④	（名）	工学系；工学院
えっ①	（感）	表吃惊的语气
あ①	（感）	（表吃惊、感叹、感动）啊
すみません④	（寒暄）	对不起；抱歉
専門（せんもん）⓪	（名）	专业
コンピューター（computer）③	（名）	电脑，计算机
いいえ③	（感）	（否定回答）不，不是
英語（えいご）⓪	（名）	英语
中国（ちゅうごく）①	（名）	中国
大学（だいがく）⓪	（名）	大学
外国（がいこく）⓪	（名）	外国
男（おとこ）③	（名）	男，男性
子（こ）⓪	（名）	孩子
女（おんな）③	（名）	女，女性
そして⓪	（接）	而且；然后

◇ 文法・文型の解説

1. ～は～です（名词）

　　表示肯定的判断句。提示助词"は"（读音同"わ"）接在名词后构成句子的主题，"です"接在名词后，与名词共同构成句子的谓语，这种句子称作名词谓语句。当句子的主题很明确时，"は"部分可以省略。例如：

（1）私は王です。

（2）第二外国語は日本語です。

（3）（私は）張です。どうぞよろしく。

2. ～は～ではありません

表示否定的判断句。"ではありません"是"です"的否定形式。在口语中，"では"一般简化为"じゃ"，所以也可用"じゃありません"的形式。

（1）私は日本語学科の学生ではありません。
（2）王さんは三年生じゃありません。
（3）（私は）張ではありません。

3. ～は～ですか

"か"为语气助词，接在句末，表示疑问。肯定判断句后加上"か"，构成一般疑问句，语调为升调。回答时一般用"はい"或"いいえ"。肯定回答用"はい"，后面也可加"そうです"。否定回答用"いいえ"，后面也可加"そうではありません"。

（1）王：あなたは日本語学科の学生ですか。
　　　李：はい、そうです。二年生です。王さんは？
（2）張：王さんは工学部の学生ですか。
　　　王：いいえ、そうではありません。
（3）A：李さんは二年生ですか。
　　　B：いいえ。私は三年生です。

4. の

助詞"の"接在名词后面，用来修饰后面的名词。两个名词之间的关系可根据其意义来判断，可以表示所属、同位或其他关系，相当于汉语的"的"，有时也可不译。例如：

（1）張さんは日本語学科の二年生です。（所属）
（2）張さんは外国語学部の三年生です。（所属）
（3）私は李さんの友達の王です。（所属，同位）

5. と

"と"为助词，用于连接两个或两个以上的名词，表并列、列举。例如：

（1）日本語は王さんと張さんの専門ではありません。
（2）張さんと王さんと李さんは学生です。
（3）王さんと李さんは二年生です。

◇ 語彙・表現の解説

1. 词缀

本课中出现了几个词缀，具体用法如下表。

词缀	种类	意义	例词
～さん	后缀	小～，～先生，～女士	張さん、王さん
～語（ご）	后缀	～语，～语种	日本語、中国語、英語
～年（ねん）	后缀	～年级；年	大学二年、五年
～生（せい）	后缀	～学生	大学生、一年生、学部生
～たち（達）	后缀	表示复数，～们	私たち、王さんたち
～人（じん）	后缀	～人，～（国）人	中国人、日本人
第～（だい）	前缀	第～	第一、第二

其中，"さん"接在听话人姓氏、名字或职业后面，表示敬称。可根据对方的身份、性别等译为"～先生"、"～女士"、"小～"、"老～"等。

2. 初めまして、～です。どうぞよろしくお願いします

互不认识的人初次见面时的寒暄用语，可译为"初次见面，我叫～，请多关照。"其中，"よろしくお願いします"也可根据两人的地位、关系或场合，简化为"よろしく"、"どうぞよろしく"、"よろしくお願いします"等。回应对方时一般用"こちらこそ、どうぞよろしくお願いします"，意为"我这边才应该请您多关照呢"。

3. あのう

"あのう"可用于搭话或思考下面该说什么、该怎么做，或一时不知道该说什么等场合。也可不拉长，说"あの"，可译为"嗯……""那个……"等。

4. すみません

"すみません"意为"对不起，不好意思"，在日本使用的范围非常广泛，也可用于表示感谢。比如在公交车上给抱孩子的人让座，对方会认为自己给别人添了麻烦，也会说"すみません"，表示谢意和歉意。

5. 私、あなた

日语的人称代词同汉语一样，第一人称与第二人称没有性别区分。第一人称为"私（わたし）"，第二人称为"あなた"，第三人称男性为"彼（かれ）"、女性为"彼女（かのじょ）"。其中，"あなた"一词在口语不太常用，常用对方的姓氏、职位等词代替，但翻译成汉语时，应在其后加"你"。例如：

（1）私は張です。

（2）あなたは学生ですか。→王さんは学生ですか。（小王你是学生吗？）

6. 数词

日语中，表示数量的数词有两类，一类是汉语数词，一类是和语数词，本课中出现的数词都是汉语数词中的基数词。

数	发音	数	发音	数	发音	数	发音
0	ゼロ① れい①						
1	いち②	11	じゅういち④	10	じゅう①	100	ひゃく②
2	に①	12	じゅうに③	20	にじゅう①	200	にひゃく③
3	さん⓪	13	じゅうさん①	30	さんじゅう①	300	さんびゃく①
4	し① よん①	14	じゅうし③ じゅうよん③	40	よんじゅう①	400	よんひゃく①
5	ご①	15	じゅうご①	50	ごじゅう②	500	ごひゃく③
6	ろく②	16	じゅうろく④	60	ろくじゅう③	600	ろっぴゃく④
7	しち② なな①	17	じゅうしち④ じゅうなな③	70	ななじゅう②	700	ななひゃく②
8	はち②	18	じゅうはち④	80	はちじゅう③	800	はっぴゃく④
9	きゅう① く①	19	じゅうきゅう③ じゅうく①	90	きゅうじゅう①	900	きゅうひゃく①
10	じゅう①	20	にじゅう①	100	ひゃく②	1 000	せん①

另外，一千以上数字的读法为：1 000（せん①）、2 000（にせん②）、3 000（さんぜん③）、4 000（よんせん③）、5 000（ごせん②）、6 000（ろくせん③）、7 000（ななせん③）、8 000（はっせん③）、9 000（きゅうせん③）、10 000（一万、いちまん③）、1亿（一億、いちおく②）。需注意的是，读100和1 000时都不说"1"，只说"百（ひゃく）"和"千（せん）"。

例如：48（よんじゅう‐はち）　　79（ななじゅう‐きゅう）

105（ひゃく‐ご）（注意与汉语的区别）

1 989（せん‐きゅうひゃく‐はちじゅう‐きゅう）

13 654（いちまん‐さんぜん‐ろっぴゃく‐ごじゅう‐よん）

16 000（いちまん‐ろくせん）

✧ 練習用単語

上野（うえの）①	（专名）	（姓氏、地名）上野
アジア（Asia）①	（专名）	亚洲
アメリカ（America）⓪	（专名）	美国
子供（こども）⓪	（名）	孩子
留学（りゅうがく）⓪	（名・自动3）	留学
楊（よう）①	（专名）	（姓氏）杨
東京（とうきょう）⓪	（专名）	东京

第4课

彼（かれ）①	（代）	他；男朋友
彼女（かのじょ）①	（代）	她；女朋友
鈴木（すずき）⓪	（专名）	（姓氏）铃木
北京（ぺきん）①	（专名）	北京
先生（せんせい）③	（名）	老师；大夫

練習問題 (れんしゅうもんだい)

一、从下列①、②、③、④中选出一个正确的读音。

（1）日本語（　）
　　① にぽんご　　② にほご　　③ にほんご　　④ にはんご
（2）学科（　）
　　① かっか　　② がっか　　③ がか　　④ がいか
（3）二年生（　）
　　① いちねんせい　　② にねんせい　　③ いねんせい　　④ にねせい
（4）中国（　）
　　① ちゅうこく　　② ちょうこく　　③ ちゅうごく　　④ ちょうごく

二、写出划线部分假名的汉字。

（1）はじめまして、私は張です。どうぞよろしくおねがいします。
（2）私はにほんじんではありません。ちゅうごくじんです。
（3）李さんはがいこくごがくぶのがくせいです。
（4）私のせんもんはえいごです。

三、用适当的平假名填空。

例　私（ は ）王です。
（1）私（　）専門（　）日本語です。
（2）A：李さん（　）英語学科の学生です（　）。
　　 B：はい、そうです。
（3）李さん（　）張さんは女の子です。
（4）李さんは三年生（　）（　）ありません。二年生です。

四、仿照例句替换划线部分，进行练习。

（1）例　李さんは二年生です。
　　①　上野さん　日本人
　　②　張さん　　中国人
　　③　私　　　　アジア人
　　④　李さん　　女の子

（2）例　王さんは日本人ではありません。
　　①　私　　　　アメリカ人
　　②　張さん　　大学生
　　③　王さん　　子供
　　④　李さん　　男の子

（3）例　A：張さんは三年生ですか。
　　　　B1：はい、三年生です。
　　　　B2：いいえ、三年生ではありません。
　　①　王さん　　一年生
　　②　李さん　　学生
　　③　張さん　　留学生
　　④　楊さん　　大学生

（4）例　張さんは日本語学科の学生です。
　　①　王さん　　東京大学　　　　　留学生
　　②　彼　　　　外国語学部　　　　三年生
　　③　彼女　　　コンピューター学科　四年生
　　④　日本語　　李さん　　　　　　専門

五、将下列汉语翻译成日语。

（1）A：小王，你是日语专业的学生吗？
　　　B：不，我不是。我是计算机专业的学生。
（2）小王他们是中国人，不是日本人。
（3）我的专业不是日语，是英语。
（4）初次见面，我是小张，请多多关照。

六、仿照例句替换划线部分，进行口语练习。

（1）例　A：初めまして、(a)王です。どうぞよろしく。
　　　　　B：(a)王さんですね。(b)張です。よろしくお願いします。
　　　　　A：私は（c）日本語学科の二年生です。(b)張さんは？
　　　　　B：私は（d）英語学科の三年生です。
　　① a 楊　　　　b 上野　　　　c 留学生　　　　d 工学部の学生
　　② a 李　　　　b 王　　　　　c 学生　　　　　d 会社員
　　③ a 李　　　　b 鈴木　　　　c 中国人　　　　d 日本人

（2）例　A：(a)李さんは(b)日本語学科の学生ですか。
　　　　　B：はい、そうです。(c)二年生です。(d)王さんは？
　　　　　A：私は(b)日本語学科の学生ではありません。(e)英語学科の三年生です。
　　　　　B：そうですか。
　　① a 上野さん　　b 留学生　　　　c 北京大学の留学生
　　　 d 鈴木さん　　e 日本語の先生
　　② a 楊さん　　　b 英語学科の学生　c 四年生
　　　 d 李さん　　　e コンピューター学科の二年生
　　③ a 王さん　　　b 学生　　　　　c 大学生
　　　 d 張さん　　　e 銀行員

コラム

爱鞠躬的日本人

　　日本人第一次见面，通常都会自我介绍说"初めまして、私は～です。どうぞよろしくお願いします"，同时会向对方毕恭毕敬地鞠躬。其实，不仅限于初次见面，鞠躬还出现在日本人交际的各种场合。这是因为传统上日本人见面问候是互不接触身体的，所以没有握手的习惯，大多以鞠躬的形式表达问候。

　　鞠躬时，男性双手一般放在两侧裤线位置或大腿前，女性双手则必须放在大腿前。面对长者或身份地位高于自己的人时，应主动鞠躬，且持续时间

应长于对方,以表敬意;而对自己的家人或朋友,微微鞠躬即可。另外,鞠躬时身体的角度一般为 10~15 度左右,最深为 90 度。一般来说,日本人每天至少有十次或几十次的鞠躬动作。据说鞠躬最多的是电梯小姐,一天要向顾客鞠躬多达 2 000 余次。

除了见面时鞠躬外,在打电话的时候日本人也习惯鞠躬。在日本的电影或电视剧中,经常会看到这样的情节,剧中人物一边打电话一边鞠躬,好像对方就站在自己面前一样,鞠躬的动作没有丝毫敷衍。可以说,鞠躬在日本人的日常生活中,已经成为使用频率最高、最重要的基本礼节了。

第 4 课

第5课　これは家族の写真です

学习目标：询问、介绍家人情况，准确运用指示词介绍物品。

学习重点：

① あの学生は王さんではありませんか。
② それは何の写真ですか。
③ その女の子は妹さんですか、お姉さんですか。
④ 父は会社員で、母は銀行員です。
⑤ 私の父も会社員です。

◇ 会話

（周末，李玲进入网吧找位置，远远看到最里面坐了一个人很面熟）

李：あの学生は王さんではありませんか。（走过去坐在其旁边）王さん？

王：はい。あ、李さん、こんにちは。

李：こんにちは。（手指其电脑屏幕）それは何の写真ですか。

王：この写真ですか。これは家族の写真です。

李：そうですか。その女の子は妹さんですか、お姉さんですか。

王：妹です。私は四人家族です。父は会社員で、母は銀行員です。

李：そうですか。妹さんはおいくつですか。

王：17歳です。李さんのご家族は何人ですか。

李：三人です。両親と私です。
王：では、李さんは一人っ子ですね。
李：ええ。私の父も会社員です。母は医者です。（这时，李玲注意到入口处墙上贴着一张纸，有几名同学在看）王さん、あれは何ですか。
王：どれですか。
李：（手指门口）あれです。
王：（摇头）さあ。

✧ 本文

　王さんと李さんは今、ネットカフェです。
　これは王さんのUSBメモリーです。中は家族の写真です。王さんは四人家族です。お父さんと、お母さんと、妹さんと王さんです。お父さんは48歳で、会社員です。お母さんは46歳で、銀行員です。妹さんは17歳で、王さんは20歳です。
　李さんは一人っ子で、三人家族です。お父さんは50歳で、会社員です。お母さんは49歳で、お医者さんです。李さんは19歳で、大学二年生です。

◇ 単語

あの⓪	（连体）	那个（人或事物）
こんにちは⑤	（寒暄）	你好
それ⓪	（代）	那个
何（なん）①	（代）	什么
写真（しゃしん）⓪	（名）	照片
この⓪	（连体）	这个（人或事物）
これ⓪	（代）	这个
家族（かぞく）①	（名）	家人
その⓪	（连体）	这个（人或事物）
妹（いもうと）④	（名）	妹妹
お姉さん（おねえさん）②	（名）	姐姐
父（ちち）②①	（名）	父亲
会社（かいしゃ）⓪	（名）	公司
母（はは）①	（名）	母亲
銀行（ぎんこう）⓪	（名）	银行
いくつ（幾つ）①	（名）	几岁；多少个
両親（りょうしん）①	（名）	父母亲
では①	（接）	那么；那样的话
一人っ子（ひとりっこ）③	（名）	独生子女
ええ①	（感）	欸（表示答应或同意），是的
医者（いしゃ）⓪	（名）	医生
あれ⓪	（代）	那个
どれ①	（代）	哪个
さあ①	（感）	用于不太清楚答案或催促时
今（いま）①	（名·副）	现在；刚刚
ネットカフェ（net café）④	（名）	网吧
USBメモリー（ユーエスビーmemory）⑦	（名）	U盘
中（なか）①	（名）	里面；之中，中
お父さん（おとうさん）②	（名）	父亲
お母さん（おかあさん）②	（名）	母亲

◇ 文法・文型の解説

1. これ／それ／あれは～です

此句型相当于第四课的"～は～です"句型，本课中用指示代词"これ、それ、あれ"替换了普通名词。

"これ"指离说话人近而离听话人远的的事物，属近称；"それ"指离听话人近而离说话人远的事物，属中称；"あれ"指离说话人和听话人都较远的事物，属远称，其疑问词为"どれ"。日语中，把这类含有"こそあど"的词称为"こそあど"系列词汇。例如：

（1）これは王さんのコンピューターです。
（2）それは張さんのUSBメモリーではありません。
（3）あれはお父さんの写真ですか。

2. この／その／あの～は～です

"この、その、あの"为连体词，不能单独使用，只有后接名词才能在句子中使用。其疑问词为"どの"，位置关系与"これ、それ、あれ"一致，属"こそあど"系列词汇。例如：

（1）この写真は張さんです。
（2）その人は王さんではありません。
（3）あの学生は日本人ですか。

3. ～は～で、（～は）～です

把名词谓语句的句末形式"です"换成"で"，可以将几个句子连接起来。"で"表示中顿、并列，后续句主题明确时可省略。例如：

（1）父は会社員で、母は銀行員です。
（2）張さんは日本語学科の学生で、（張さんは）三年生です。
（3）日本語は李さんの専門で、（日本語は）張さんの専門ではありません。

4. も

"も"为提示助词，用法与"は"相同，但表示类同，相当于汉语的"也"。在名词谓语句的否定句中，把"ではありません"换成"でもありません"，表示否定的类同，即"也不是～"。例如：

（1）張さんは一年生です。李さんも一年生です。
（2）李さんは外国語学部の学生です。王さんも外国語学部の学生です。
（3）楊さんは工学部の学生ではありません。一年生でもありません。

5. ～は～ですか、～ですか

两个一般疑问句并列，即变为选择疑问句，表示在所列举的两个选项中选择其一。

例如：
  （1）その写真は李さんですか、王さんですか。
  （2）あなたは中国人ですか、日本人ですか。
  （3）張さんは会社員ですか、学生ですか。

✧ 語彙・表現の解説

1. 词缀

本课中出现了几个词缀，具体用法如下表。

词缀	种类	意义	例词
お／ご（御）～	前缀	表尊敬或美化	お母さん、おいくつ、ご家族
～人（にん）	后缀	～个人	三人、四人
～員（いん）	后缀	～职员，人员，成员	会社員、銀行員
～歳（さい）	后缀	～岁	1歳、22歳
何～（なん）	前缀	多少～，几～	何年、何人、何歳

其中，人数和年龄的具体说法如下表。需要注意的是，"1人、2人"读法特殊，"1岁～10岁、几岁"分别有两种说法。

	人数（～人）	年龄（～つ、～歳）	
1	ひとり②	ひとつ②	いっさい①
2	ふたり③	ふたつ③	にさい①
3	さんにん③	みっつ③	さんさい①
4	よにん②	よっつ③	よんさい①
5	ごにん②	いつつ②	ごさい①
6	ろくにん②	むっつ③	ろくさい②
7	ななにん②・しちにん②	ななつ②	ななさい②・しちさい②
8	はちにん②	やっつ③	はっさい①
9	きゅうにん①・くにん②	ここのつ②	きゅうさい①
10	じゅうにん①	とお①	じ（ゅ）っさい①
11	じゅういちにん④		じゅういっさい③
20	にじゅうにん②	はたち①	にじ（ゅ）っさい②
21	にじゅういちにん⑤		にじゅういっさい④
何	なんにん①	いくつ①	なんさい①

2. こんにちは

白天见面时的寒暄用语，意思是"你好"，多用在不太熟悉的人之间。若用于熟悉的

人之间，会给人以距离感。

3. そうですか

本课的"そうですか"不表示疑问，而表示确认，意思为"是吗！""是这样啊！"，此时读降调。

4. "はい"和"ええ"

这两个感叹词都可用于应答、肯定回答以及随声附和等，但"はい"比"ええ"显得更郑重一些。

5. 家庭成员的称谓

在日语中，家庭成员的称谓不算复杂。但需要注意的是，日本人对"内"和"外"非常注意，使用场合不同，称谓也会随之发生变化。具体变化如下表。

	称外人家庭成员	对外称自家成员	自家内部称呼
（外）祖父	おじいさん②	祖父（そふ）①	おじいさん
（外）祖母	おばあさん②	祖母（そぼ）①	おばあさん
父亲	お父（とう）さん②	父（ちち）②①	お父さん
母亲	お母（かあ）さん②	母（はは）①	お母さん
叔叔、舅舅等	おじさん⓪	おじ⓪	おじさん
姑妈、姨妈等	おばさん⓪	おば⓪	おばさん
兄弟	ご兄弟（きょうだい）②	兄弟①	
哥哥	お兄（にい）さん②	兄（あに）①	（お）兄さん
姐姐	お姉（ねえ）さん②	姉（あね）⓪	（お）姉さん
弟弟	弟（おとうと）さん⓪	弟④	直接称呼名字
妹妹	妹（いもうと）さん⓪	妹④	直接称呼名字
丈夫	ご主人（しゅじん）②	主人①	不定
妻子	奥（おく）さん①	妻（つま）①	不定
儿子	息子（むすこ）さん⓪	息子⓪	直接称呼名字
女儿	娘（むすめ）さん⓪	娘③	直接称呼名字

6. ね

"ね"为语气助词，接在句末，表示征求对方同意或向对方确认所说内容。例如：
（1）李さんは二年生ですね。
（2）王さんは日本語学科の学生じゃありませんね。

練習用単語

辞書（じしょ）①	（名）	词典
菓子（かし）①	（名）	点心
テレビ（television 的略写）①	（名）	电视
本（ほん）①	（名）	书
ラジオ（radio）①	（名）	收音机
人（ひと）⓪	（名）	人
かばん（鞄）⓪	（名）	包
コップ（荷 kop）⓪	（名）	杯子
雑誌（ざっし）⓪	（名）	杂志
絵（え）①	（名）	画
誰（だれ）①	（代）	谁
仕事（しごと）⓪	（名）	工作

練習問題

一、从下列①、②、③、④中选出一个正确的读音。

（1）家族（　　）
　①こぞく　　②がそく　　③がぞく　　④かぞく
（2）写真（　　）
　①しゃしん　　②しゅしん　　③しょしん　　④ししん
（3）会社員（　　）
　①かしゃいん　　②かいしゃいん　　③がいしゃいん　　④がしゃいん
（4）妹（　　）
　①いもと　　②いもうと　　③いもうど　　④いもとう

二、写出划线部分假名的汉字。

（1）<u>ちちはかいしゃいん</u>で、<u>ははぎんこういん</u>です。
（2）李さんは<u>ひとりっこ</u>です。

（3）<u>なか</u>は王さんの<u>かぞく</u>の<u>しゃしん</u>です。
（4）<u>おかあさん</u>は49<u>さい</u>で、<u>いしゃ</u>です。

三、用适当的平假名填空。

（1）私は三人家族です。父（　）母（　　）私です。
（2）父は会社員（　　）、母は医者です。
（3）王さんは三年生です。張さん（　　）三年生です。
（4）A：李さんは会社員です（　　）、学生です（　　）。
　　　B：学生です。

四、仿照例句替换划线部分，进行练习。

（1）例　<u>それ</u>は<u>辞書</u>です。
　　① これ　　　　　お菓子
　　② あれ　　　　　テレビ
　　③ それ　　　　　本
　　④ あれ　　　　　ラジオ
（2）例　<u>あの人</u>は<u>王さん</u>です。
　　① そのかばん　　王さんのかばん
　　② あの先生　　　日本人
　　③ このコップ　　李さんのコップ
　　④ この写真　　　李さん
（3）例　<u>お母さん</u>は45<u>歳</u>で、<u>銀行員</u>です。
　　① 弟　　　　　　30歳　　　　　　会社員
　　② 楊さん　　　　17歳　　　　　　学生
　　③ 王さん　　　　一人っ子　　　　三人家族
　　④ 私　　　　　　中国人　　　　　留学生
（4）例　<u>私の父</u>も<u>会社員</u>です。
　　① 鈴木さん　　　日本人
　　② 王さん　　　　四人家族
　　③ これ　　　　　雑誌
　　④ あの人　　　　医者
（5）例　<u>その女の子</u>は<u>妹さん</u>ですか、<u>お姉さん</u>ですか。
　　① これ　　　　　日本語の雑誌　　中国語の雑誌
　　② お父さん　　　医者　　　　　　会社員
　　③ あの人　　　　中国人　　　　　日本人
　　④ あれ　　　　　絵　　　　　　　写真

五、将下列汉语翻译成日语。

（1）这本书是日语书。
（2）小王的父亲是医生，母亲是公司职员。
（3）小李，你是学生，还是老师？
（4）A：这是什么？
　　　B：那是英语字典。
（5）小李你家有几口人呢？

六、仿照例句替换划线部分，进行口语练习。

（1）例　A：これは誰の（a）<u>本</u>ですか。
　　　　　B：それは（b）<u>王さん</u>の（a）<u>本</u>です。
　　　　　A：これも（b）<u>王さん</u>の（a）<u>本</u>ですか。
　　　　　B：いいえ、それは（b）<u>王さん</u>の（a）<u>本</u>ではありません、（c）<u>李さん</u>の（a）<u>本</u>です。
　　① a 雑誌　　　　b 張さん　　　　c 李さん
　　② a かばん　　　b 先生　　　　　c わたし
　　③ a 辞書　　　　b 楊さん　　　　c 王さん

（2）例　A：李さんは何人家族ですか。
　　　　　B：（a）<u>四人</u>家族です。（b）<u>両親と妹と私</u>です。
　　　　　A：ご両親の仕事は何ですか。
　　　　　B：父は（c）<u>会社員</u>で、母は（d）<u>医者</u>です。
　　① a 三人　　　b 両親　　　　c 銀行員　　　d 会社員
　　② a 四人　　　b 両親と弟　　c 会社員　　　d 大学の先生
　　③ a 三人　　　b 父と母　　　c 医者　　　　d 銀行員

家庭成员的称谓

　　日语中家庭成员的称谓没有汉语那么复杂，对父亲一方和母亲一方亲属的称谓是一致的，如爷爷和姥爷都叫"祖父（そふ）"或"お祖父さん（おじいさん）"。但需要注意的是，日语中对他人讲自己的家庭成员和称呼别人的家庭成员时所用表达有所不同。例如，在和他人对话时，要表达自己的爸爸，用"父（ちち）"，而要说他人的爸爸，则用

敬称"お父さん（おとうさん）"。同样，称呼自己的父母时，也要用敬称"お父さん"、"お母さん"。当然，也有更亲昵一些的"お父ちゃん"、"お母ちゃん"，而小孩子一般叫"パパ"、"ママ"。

在一个家庭中，孩子的出生往往会改变家庭成员之间的称谓。例如，在孩子出生前，夫妻之间一般互相叫名字或昵称，但孩子出生后，往往跟随孩子称呼家里其他人。孩子叫爸爸、妈妈为"パパ"、"ママ"，爸爸、妈妈就会互相称对方为"パパ"、"ママ"，类似汉语的"孩子他爸"、"孩子他妈"。爸爸、妈妈也会跟随孩子称呼自己的父母为"おじいさん（おじいちゃん）"或"おばあさん（おばあちゃん）"。

另外，表示哥哥和姐姐的"お兄さん（おにいさん）"、"お姉さん（おねえさん）"，也可以用来比较亲昵地称呼年轻男性和女性，且和称谓者的年龄无关。也就是说，无论是六七十岁的老人，还是七八岁的孩童，看到二十多岁的小伙儿或姑娘，都可以亲昵地称为"お兄さん"或"お姉さん"。

第6课　去年、ここは四年生の教室でした

学习目标：运用指示词介绍场所及人物等。

学习重点：

① ここはうちのクラスです。
② 二年前、上野先生は銀行員でした。大学の先生ではありませんでした。
③ 去年は四年生の教室でしたが、今年は一年生の教室です。
④ 王さんも張さんも友達です。

会話

（王亮、张莉想参观日语系，请李玲做向导。李玲带他们到了外语楼六楼）

李：はい。日本語学科は6階です。どうぞ。
張、王：はい、よろしくお願いします。
李：（来到自己班教室前）はい。ここはうちのクラスです。
張：あ、そうですか。一年生の教室はどこですか。
李：あそこの階段の右側です。（三个人走过去）ここは一年一組で、隣のそこは一年二組です。去年、ここはまだ四年生の教室でした。
王：そうですか。では、先生たちの事務室はどちらですか。
李：あの部屋です。エレベーターの左側です。

王、張：そうですか。ありがとうございます。

（这时，一位老师走出来）

王：あのう、李さん、あの男の先生は日本人の先生ですか。

李：はい、上野先生です。あっ、そうだ。上野先生は銀行員でしたよ。大学の先生ではありませんでした。（走上前）

李：上野先生、こんにちは。

上野：あ、李さん、こんにちは。

李：先生、こちらは工学部の王さんで、こちらは英語学科の張さんです。王さんも張さんも友達です。（接下来，四人互相寒暄）

✧ 本文

　　ここは外国語学部の建物で、6階建てです。1階はみんなの教室です。2階は学部の事務室、3階はLL教室、4階と5階は英語学科、6階は日本語学科です。

　　ここは6階で、日本語学科です。先生たちの事務室はエレベーターの左側です。上野先生は日本人の先生です。しかし、二年前は銀行員でした。

　　ほかの部屋は教室です。一年生の教室は階段の右側です。去年は

四年生の教室でしたが、今年は一年生の教室です。二年生の教室は階段の左側で、向こう側は三、四年生の教室です。そして、トイレは四年生の教室の隣です。

◇ 単語

ここ ⓪	（代）	这里
うち（内／家）⓪	（名）	内，里面；家
クラス（class）①	（名）	班级
教室（きょうしつ）⓪	（名）	教室
どこ ①	（代）	哪里
あそこ ⓪	（代）	那里
階段（かいだん）⓪	（名）	楼梯，台阶
右（みぎ）⓪	（名）	右
隣（となり）⓪	（名）	隔壁，邻居
そこ ⓪	（代）	那里
去年（きょねん）①	（名）	去年
まだ ①	（副）	还，尚未
事務室（じむしつ）②	（名）	办公室
どちら ①	（代）	哪里；哪位；（两个中的）哪个
部屋（へや）②	（名）	房间
エレベーター（elevator）③	（名）	电梯
左（ひだり）⓪	（名）	左
ありがとうございます ②-④	（寒暄）	谢谢
そうだ ①		（突然想起某事）对了！
こちら ⓪	（代）	这里；这位；我，我们
友達（ともだち）⓪	（名）	朋友
建物（たてもの）②③	（名）	建筑物
みんな（皆）③	（名・代）	大家；都
LL 教室（エルエルきょうしつ）⑤	（名）	语言实验室，视听教室
しかし ②	（接）	但是，可是
前（まえ）①	（名）	以前；前面
ほか（外／他）⓪	（名）	另外；其他
今年（ことし）⓪	（名）	今年
向こう（むこう）②⓪	（名）	对面
トイレ（toilet）①	（名）	厕所，卫生间

❖ 文法・文型の解説

1. ここ／そこ／あそこは～です

此句型与第四课的"～は～です"以及第五课的"これ／それ／あれは～です"句型一致。本课用地点指示代词"ここ／そこ／あそこ"替换一般名词以及事物指示代词。"ここ／そこ／あそこ"也属于"こそあど"系列词汇，疑问词为"どこ"。例如：

（1）ここはうちのクラスです。
（2）そこは一年生の教室ではありません。
（3）あそこは先生たちの事務室ですか。

2. ～は～でした／ではありませんでした

"でした"是"です"的过去式；"ではありませんでした"是"ではありません"的过去式，口语中也可说成"じゃありませんでした"。例如：

（1）去年、ここは四年生の教室でした。
（2）上野先生は銀行員でしたよ。大学の先生ではありませんでした。
（3）私は会社員です。去年は学生でした。会社員じゃありませんでした。

3. が

"が"为接续助词，用于连接两个转折关系的句子。当前后两个句子都有"は"，即呈现"～は～が、～は"形式时，表示前后两项的对比。例如：

（1）日本語は李さんの専門ですが、張さんの専門ではありません。
（2）今は会社員ですが、二年前は医者でした。
（3）去年は四年生の教室でしたが、今年は一年生の教室です。

4. ～も～も

两个表示类同的"も"并用，表示前后两项具有相同的性质，可译为"～和～都"。例如：

（1）李さんも王さんも学生です。
（2）事務室も教室も3階です。
（3）上野さんも鈴木さんも日本人です。

❖ 語彙・表現の解説

1. 词缀

本课中出现了几个词缀，具体用法如下表：

词　级	种类	意　　义	例　　词
～階（かい）	后缀	～层，～楼	1階、3階、6階
～側（がわ）	后缀	～侧，边	左側、右側、向こう側
～組（くみ）	后缀	～班，～组，～队等	1年1組、3年2組
～建て（だて）	后缀	～的楼房、建筑	2階建て、6階建ての建物

其中，楼层的具体说法如下表。

	～階		～階
1	いっかい	7	ななかい
2	にかい	8	はっかい
3	さんがい	9	きゅうかい
4	よんかい	10	じ（ゅ）っかい
5	ごかい	11	じゅういっかい
6	ろっかい	何	なんかい・なんがい

2. うち

"うち"有两种汉字写法：写作"内"时，可以表示"内，里面"，也可以表示自己所属的团体或者组织；写作"家"时，可以表示"房子，家"。本课中，"うちのクラス"是"内"的用法，意为"我们班，我们教室"。表达"内"的意思时多不写汉字。

3. ありがとうございます

寒暄语，用于表示感谢，相当于"谢谢，多谢"。对年龄地位高于自己的人，或不太熟悉的人，或在比较郑重的场合，要说"ありがとうございます"或"ありがとうございました"。对关系比较亲近熟悉的人，或在比较随意的场合，可以只说"ありがとう"。

4. 日本人の先生

在日语中，要表达"某国的老师、朋友等"意思时，习惯用"日本人の先生"、"中国人の友達"，这不同于汉语"日本老师"、"中国朋友"的说法。

5. こちら、そちら、あちら、どちら

"こちら"、"そちら"、"あちら"、"どちら"也属于"こそあど"系列词汇，是表示方向或场所的一组指示代词，也可用作人称代词，语气比较郑重。例如：
（1）先生たちの事務室はどちらですか。
（2）こちらは工学部の王さんで、こちらは英語学科の張さんです。
（3）こちらは先生たちの事務室で、そちらは私たちのLL教室です。

6. よ

"よ"为语气助词，接在陈述句后面，表示说话人的提示、主张、叮嘱等意，通常是一种信息的传递。例如：

A：（听到敲门声）誰ですか。

B：私、李ですよ。

練習用単語

スーパー（supermarket 的略写）①	（名）	超市
喫茶店（きっさてん）③	（名）	咖啡馆
学校（がっこう）⓪	（名）	学校
病院（びょういん）⓪	（名）	医院
食堂（しょくどう）⓪	（名）	食堂
公園（こうえん）⓪	（名）	公园
郵便局（ゆうびんきょく）③	（名）	邮局
昨日（きのう）②	（名）	昨天
今日（きょう）①	（名）	今天
あした（明日）③	（名）	明天
店（みせ）②	（名）	商店
レストラン（restaurant）①	（名）	餐厅，饭店

練習問題

一、从下列①、②、③、④中选出一个正确的读音。

（1）教室（　　）
　　① きゅうしつ　　② きょうじつ　　③ きょうしつ　　④ きゅうじつ

（2）隣（　　）
　　① となり　　② どなり　　③ とうなり　　④ となる

（3）階段（　　）
　　① かいたん　　② だいかん　　③ かいだん　　④ がいたん

（4）部屋（　　）
　　① へや　　② へいや　　③ へよ　　④ へゆ

二、写出划线部分假名的汉字。

（1）この<u>たてもの</u>は6階<u>だて</u>です。
（2）先生たちの<u>じむしつ</u>はエレベーターの<u>みぎがわ</u>です。
（3）<u>きょねん</u>、ここは<u>よねんせい</u>の教室でした。
（4）二年生の教室は階段の<u>ひだりがわ</u>で、<u>むこうがわ</u>は三、四年生の教室です。

三、从下列①、②、③、④中选出一个正确的答案。

（1）二年前は会社員（　　）。
　　① です　　　② ではありません　　③ でした　　④ でし
（2）（　　）教室は李さんの教室です。
　　① この　　　② ここ　　　　　　③ これ　　　④ どれ
（3）一年生の教室は（　　）ですか。
　　① どの　　　② どこ　　　　　　③ なん　　　④ その
（4）去年は四年生の教室でした（　　）、今年は二年生の教室です。
　　① か　　　　② ね　　　　　　　③ が　　　　④ の

四、仿照例句替换划线部分，进行练习。

（1）例　<u>ここ</u>は<u>うちのクラス</u>です。
　　① ここ　　　　私の家
　　② そこ　　　　スーパー
　　③ ここ　　　　喫茶店
　　④ あそこ　　　学校
（2）例　去年、<u>ここ</u>は<u>一年生の教室</u>でした。
　　① ここ　　　　病院
　　② あそこ　　　食堂
　　③ 楊さん　　　学生
　　④ 上野さん　　会社員
（3）例　去年、<u>ここ</u>は<u>四年生の教室</u>ではありませんでした。
　　① ここ　　　　郵便局
　　② あそこ　　　公園
　　③ 楊さん　　　お医者さん
　　④ 妹　　　　　留学生
（4）例　<u>二年前</u>は<u>銀行員</u>でしたが、<u>今</u>は<u>大学の先生</u>です。
　　① 去年　　　医者でした　　　　今年　　　　会社員です
　　② 昨日　　　東京でした　　　　今日　　　　北京です

③ お父さん　　銀行員です　　　　お母さん　　お医者さんです
④ お姉さん　　会社員です　　　　妹さん　　　大学生です

(5) 例　こちらは英語学科の張さんです。
　　① こちら　　　日本語学部　　　王さん
　　② あちら　　　二年生　　　　　張さん
　　③ こちら　　　北京大学　　　　日本語学部
　　④ そちら　　　先生たち　　　　事務室

(6) 例　王さんも張さんも友達です。
　　① 銀行　　　郵便局　　　　6階建て
　　② あれ　　　これ　　　　　雑誌
　　③ 李さん　　鈴木さん　　　学生
　　④ 今日　　　あした　　　　学校

五、将下列汉语翻译成日语。

(1) 我们班的教室在电梯右侧。
(2) 我一年前是公司职员，现在是大学老师。
(3) 教师办公室在视听教室的左边，它的对面是一年级教室。
(4) 这里以前不是邮局，是银行。

六、仿照例句替换划线部分，进行口语练习。

(1) 例　A：すみません、(a)銀行はどこですか。
　　　　 B：(a)銀行ですか。(a)銀行はあの建物です。
　　　　 A：あの(b)6階建ての建物ですね。ありがとうございます。
　　　　 B：いいえ、あの(b)6階建ての建物ではありません。あの(c)4階建
　　　　 　ての建物です。
　　① a病院　　　　　b5階建て　　　　c7階建て
　　② aトイレ　　　　b2階建て　　　　c1階建て
　　③ aスーパー　　　b6階建て　　　　c3階建て

(2) 例　A：あの建物は何ですか。
　　　　 B：どれですか。
　　　　 A：あの（a）銀行の（b）隣の建物です。
　　　　 B：ああ、あれは（c）食堂です。
　　① a食堂　　　　　b右側　　　　　　c病院
　　② a店　　　　　　b左側　　　　　　c郵便局
　　③ aスーパー　　　b向こう側　　　　cレストラン

日本人的姓氏

　　中国有4 000多个姓氏，对于13亿人口来说，平均一个姓氏30多万人。而人口为1.2亿的日本居然有30多万个姓氏，平均一个姓氏不足500人。

　　古时候，日本只有贵族才有天皇赐予的姓，平民百姓是没有姓的。那么现代这么多的姓是从何而来的呢？而且，为什么在日本人的姓里有那么多诸如"田中"、"山下"等方位词呢？

　　其实，在古代，日本平民的名字都非常简单，就是一郎、次郎、三郎顺着往下排，每家都如此。于是，一个村子里就会有很多的一郎、次郎，这就存在一个如何区分他们的问题了。最简单的办法就是在名字前加上其居住方位或者其他明显特征，如"田中间那家的太郎"、"山下面那家的太郎"等。时间一长，"田中"、"山下"等就成了家庭标志符了。

　　明治维新后，日本政府规定所有百姓必须拥有一个自己的姓，于是曾经沿用下来的标志符就理所当然地成为正式的姓氏。这也是为何日本姓氏如此之多的原因之一了。

第7课　今日は涼しいです

学习目标：简单询问、叙述对现在或过去人物或事物的印象、感想。

学习重点：

① 今日は涼しいですね。／日本語はやさしくないですね。
昨日は暑かったです。／去年はあまり楽しくなかったです。

② 張さんの日本語はきれいですね。
張さんの勉強はあまり楽ではありません。
去年、私たちもたいへんでしたよ。
アクセントはきれいではありませんでした。

③ A：何が難しいですか。
　 B：アクセントが難しいです。

④ 相互学習はどうですか。

◇ 会話

（去教室的路上）

上野：李さん、おはよう。

李：あ、先生、おはようございます。今日は涼しいですね。

上野：ええ、昨日はちょっと暑かったですね。（听到读日语声）李さん、あの女の子は張さんですね。

李：そうですね。（转向张莉）張さん、おはよう。

（互相问候后）

上野：張さんの日本語はきれいですね。

張：いいえ、まだまだです。日本語はやさしくないですね。

上野：そうですか。何が難しいですか。

張：アクセントが難しいです。

李：そうですね。去年、私たちもたいへんでしたよ。アクセントはきれいではありませんでした。でも、今はもう大丈夫です。

上野、張：そうですか。

李：はい。日本語はあまり難しくないですよ。私は、もうすぐ英語の試験です。英語はたいへんですね。

張：いいえ、英語も易しいですよ。（笑）同じですね。

上野：（笑）そうですよ。あ、相互学習はどうですか。

李、張：いいですね。

✧ 本文

日本のアニメはとても面白いです。そして、中の女の子の日本語もとてもきれいです。だから、張さんの第二外国語は日本語です。

今、張さんの勉強はあまり楽ではありません。しかし、日本語学科の李さんの勉強も、去年はあまり易しくなかったですが、今はとても楽しいです。だから、言葉の勉強は積み重ねです。

ちょうど李さんはもうすぐ英語の試験です。英語の勉強もたいへんです。だから、張さんはあしたから、李さんと相互学習です。

❖ 単語(たんご)

おはようございます ⓪-④	（寒暄）	早上好
涼しい（すずしい）③	（形）	凉爽，凉快
ちょっと①⓪	（副・感）	有点儿；一下；一会儿
あつい（暑い）②	（形）	炎热，热
きれい（奇麗）①	（形动）	漂亮；整齐；干净
やさしい（易しい／優しい）⓪③	（形）	简单，容易；温柔，柔和
何（なに）①	（代）	什么
難しい（むずかしい）④⓪	（形）	难
アクセント（accent）①	（名）	声调
たいへん（大変）⓪	（形动・副）	糟糕；不容易；非常
大丈夫（だいじょうぶ）③	（形动）	没问题；不要紧
でも①	（接）	但是，可是
もう①⓪	（副）	就要；已经；再
あまり⓪	（副）	（和否定连用）不太，不怎么
すぐ①	（副）	马上；一会儿就
試験（しけん）②	（名）	考试
同じ（おなじ）⓪	（形动）	相同
相互学習（そうごがくしゅう）④	（名・自动3）	相互学习
どう①	（副）	怎么样
いい／よい（良い）①	（形）	好
アニメ（animation略）①	（名）	动画片，动漫
とても⓪	（副）	非常，很
面白い（おもしろい）④	（形）	有意思，有趣
だから①	（接）	所以
勉強（べんきょう）⓪	（名・他动3）	学习
楽（らく）②	（名・形动）	轻松
楽しい（たのしい）③	（形）	愉快，快乐

第一课

言葉（ことば）③	（名）	语言；词
積み重ね（つみかさね）⓪	（名）	积累，堆积
ちょうど⓪	（副）	正好，恰好

◇ 文法・文型の解説

1. ～は～です（形容词）

形容词是表示人的情感以及人和事物的性质、状态等的一类词，有的教材称之为"イ"形容词。日语的形容词词尾为"い"。形容词作谓语时，后续"です"。例如：

（1）今日は涼しいですね。
（2）日本語は難しいですね。
（3）いいですね。
（4）日本人もたいへん面白いです。

与名词作谓语不同的是，形容词作谓语时，如表达否定或过去意义，发生形态变化的不是"です"，而是词尾"い"。表达否定意义时，需将"い"变为"く"，再加"ない"；表达过去肯定和过去否定意义时，只需将相应的现在肯定和现在否定形式中的"い"变为"かった"即可。例如：

（1）日本語はあまり難しくないですよ。
（2）昨日は暑かったですね。
（3）あまり楽しくなかったです。

	肯　　定	否　　定
现在	難しいです	難しくないです
过去	難しかったです	難しくなかったです

需要特别指出的是，在日语形容词中，"いい"很特殊。其所有变化形式都以其正式词形"よい"为基准。

	肯　　定		否　　定
现在	いいです	よいです	よくないです
过去	よかったです		よくなかったです

2. ～は形容动词词干です

日语中的形容动词（部分教材称之为"ナ"形容词）和形容词一样，可以表示人的情感以及人和事物的性质、状态，不同的是形容动词的词尾为"だ"（一般在单词表中只显示词干部分）。形容动词作谓语时，只需将词尾"だ"变为"です"即可。否定形式是

将"だ"变为"では（じゃ）ありません"，过去肯定形式是将"だ"变为"でした"，过去否定形式是将"だ"变为"では（じゃ）ありませんでした"。从变化形式上来看，形容动词谓语句与名词谓语句基本相同。例如：

（1）張さんの日本語はきれいです。
（2）今の勉強はは大丈夫ではありません。
（3）去年、私たちもたいへんでした。大丈夫ではありませんでした。

3. が

"が"为助词，接在名词后面，表示句子的主语。如果句子主语兼作句子主题时，"が"会变为"は"。但疑问词作主语时，助词必须用"が"，答句也必须用"が"。例如：

（1）張：どれが日本語の辞書ですか。
　　　李：これが日本語の辞書です。
（2）楊：どちらが外国語学部の事務室ですか。
　　　張：あちらが外国語学部の事務室です。
（3）王：誰が日本語学科の学生ですか。
　　　張：李さんが日本語学科の学生です。

4. ～はどうですか

表示对对方的建议，相当于汉语的"～怎么样？～如何？"。例如：

（1）上野先生：相互学習はどうですか。
　　　李、張：いいですよ。
（2）A：（不知道喝什么）何がいいですか。
　　　B：さあ。お茶はどうですか。
　　　A：いいですね。お願いします。
（3）A：（不知道选修什么课好）何がいいですか。
　　　B：さあ。日本語はどうですか。
　　　A：日本語？いいですよ。

5. から

"から"为助词，接在表示时间、场所、顺序等名词后面，表示时间、场所、顺序等的起点，后面也可直接接"です"作谓语。例如：

（1）明日から相互学習です。
（2）ここから中国です。
（3）試験は今日からです。

6. あまり＋否定

"あまり"为副词，表示程度，为"太，过分"之意。常与谓语的否定形式呼应使用，表示"不太～，不怎么～，不很～"之意。例如：

（1）日本語はあまり難しくないです。
（2）あの本はあまり面白くないです。
（3）この部屋はあまりきれいではありません。

◆ 語彙・表現の解説

1. おはようございます

早上或者上午见面时的寒暄用语。可译为"早上好"。对比较亲近的人或不需要特别尊敬的人可以省略为"おはよう"。另外，不同于"こんにちは"和"こんばんは（晚上好）"，"おはよう"可用于早上家人之间的问候。

2. いいえ、まだまだです

"まだまだ"是副词"まだ"的重复强调。这是在听到别人的夸奖、赞美后，表示谦虚的说法，意为"不，哪里哪里，还差得远呢"等。但是，现在年轻人受西方文化的影响，追随国际潮流，在不很正式的场合，听到对方赞美后也说"ありがとうございます（谢谢）"。

3. たいへん

可作副词，也可作形容动词。作副词时，意为"非常，很"；作形容动词时，为"严重，糟糕，不得了；不容易，困难"之意。例如：

（1）日本人はたいへん面白いです。
（2）去年、私たちもたいへんでしたよ。

4. "でも"和"しかし"

"でも"和"しかし"都是表示转折关系的接续词，不同的是"でも"一般用于口语，而"しかし"则多用于文章中。

5. "何（なん）"和"何（なに）"

疑问词"何"意为"什么"，有"なん"和"なに"两种读音。一般情况下，出现在"です"前作谓语时、出现在"の"前修饰名词时、出现在"人・階・歳"等量词前时，读"なん"，而在其他情况下一般读"なに"。例如：

（1）あれは何（なん）ですか。
（2）それは何（なん）の写真ですか。
（3）ご家族は何人（なんにん）ですか。

（4）何（なに）が難しいですか。

6. もう

"もう"为副词，大致有三种意义。在表达"已经"的意义时，音型为①；而在表达"再，更加，另外"或"不久就，就要"的意义时，音型则为⓪。例如：

（1）今はもう（①）大丈夫です。
（2）もう（⓪）一人の学生は李さんです。
（3）もう（⓪）すぐ試験です。

7. 李さんと相互学習です

本课中的助词"と"不表示并列和列举，而是共同动作的对象、对方，可译为"和小李相互学习"。

◇ 練習用単語

寒い（さむい）②	（形）	寒冷
授業（じゅぎょう）①	（名・自动3）	课；上课
料理（りょうり）①	（名・他动3）	饭菜；烹调
おいしい（美味しい）⓪③	（形）	好吃（喝）
映画（えいが）①⓪	（名）	电影
町（まち）②	（名）	城镇，街道
賑やか（にぎやか）②	（形动）	热闹
便利（べんり）①	（形动）	方便
静か（しずか）①	（形动）	安静，寂静
パーティー（party）①	（名）	晚会
寿司（すし）②①	（名）	寿司
お茶（おちゃ）⓪	（名）	茶；茶叶

練習問題

一、从下列①、②、③、④中选出一个正确的读音。

（1）難しい（　　）
　　① むすかし　　② むずがしい　　③ むずかしい　　④ むずかし

(2) 同じ（　　）
　　① あなじ　　　② おなじ　　　③ おなし　　　④ あなし
(3) 積み重ね（　　）
　　① づみがさね　② つみがさね　③ つむがさね　④ つみかさね
(4) 楽しい（　　）
　　① あたらしい　② おいしい　　③ たのしい　　④ うつくしい

二、写出划线部分假名的汉字。

(1) <u>きのう</u>は<u>あつ</u>かったです。
(2) <u>日本人</u>は、たいへん<u>おも</u>しろいです。
(3) <u>いま</u>の<u>べんきょう</u>は<u>だいじょうぶ</u>ではありません。
(4) <u>あした</u>から<u>そうごがくしゅう</u>です。

三、从下列①、②、③、④中选出一个正确的答案。

(1) 去年の試験は（　　）。
　　① あまり難しくないです　　　② あまり難しくなかったです
　　③ あまり難しいではなかったです　④ あまり難しいではないです
(2) 昨日の仕事は（　　）。
　　① たいへんではありませんでした　② たいへんではありません
　　③ たいへんです　　　　　　　　　④ たいへんくなかったです
(3) 今の勉強は（　　）。
　　① 楽しいです　　　　　　　　　② 楽しかったです
　　③ 楽しいではありません　　　　④ 楽しいではありませんでした
(4) A：何（　　）難しいですか。
　　B：発音が難しいです。
　　① が　　　　　② は　　　　　③ で　　　　　④ か
(5) あした（　　）相互学習です。
　　① が　　　　　② から　　　　③ と　　　　　④ の

四、仿照例句替换划线部分，进行练习。

(1) 例　A：<u>日本語</u>は<u>難しい</u>ですか。
　　　　B1：はい、とても<u>難しい</u>です。
　　　　B2：いいえ、あまり<u>難しく</u>ないです。
　　① 東京　　　　　　　寒い

② 北京　　　　　　　涼しい
　　　③ 授業　　　　　　　面白い
　　　④ 勉強　　　　　　　楽しい
（2）例　　A：昨日の料理はおいしかったですか。
　　　　　　B1：はい、とてもおいしかったです。
　　　　　　B2：いいえ、あまりおいしくなかったです。
　　　① 試験　　　　　　　易しい
　　　② 授業　　　　　　　難しい
　　　③ 映画　　　　　　　面白い
　　　④ アメリカ　　　　　暑い
（3）例　　A：王さんの大学はきれいですか。
　　　　　　B1：はい、とてもきれいです。
　　　　　　B2：いいえ、あまりきれいではありません。
　　　① 日本語の勉強　　　たいへん
　　　② この町　　　　　　賑やか
　　　③ あのスーパー　　　便利
　　　④ その公園　　　　　静か
（4）例　　A：去年、勉強はたいへんでしたか。
　　　　　　B1：はい、とてもたいへんでした。
　　　　　　B2：いいえ、あまりたいへんではありませんでした。
　　　① この町　　　　　　静か
　　　② この公園　　　　　きれい
　　　③ あそこ　　　　　　賑やか
　　　④ ここ　　　　　　　便利
（5）例　　A：何が難しいですか。
　　　　　　B：アクセントが難しいです。
　　　① 誰　　　　　　面白い　　　　　李さん
　　　② 何　　　　　　おいしい　　　お茶
　　　③ どこ　　　　　静か　　　　　公園
　　　④ 何階　　　　　便利　　　　　1階
（6）例　あしたから相互学習です。
　　　① 今日　　　　　　　授業
　　　② あした　　　　　　仕事
　　　③ ここ　　　　　　　北京
　　　④ あそこ　　　　　　日本

五、将下列汉语翻译成日语。

（1）去年的学习很辛苦，但现在已经没问题了。
（2）日语不太难。
（3）昨天的饭菜不是很好吃。
（4）昨天有点热。
（5）语言的学习要靠积累。

六、仿照例句替换划线部分，进行口语练习。

（1）例　A：(a)昨日の試験は(b)難しかったですか。
　　　　　B：ええ、とても(b)難しかったです。
　　　　　A：何が(b)難しかったですか。
　　　　　B：(c)アクセントが(b)難しかったです。
　① a 一年生の時の授業　　b たいへんでした　　c アクセント
　② a パーティーの料理　　b おいしかったです　　c お寿司
　③ a 昨日の勉強　　　　　b 楽しかった　　　　c 相互学習

（2）例　A：(a)何がいいですか。
　　　　　B：さあ。(b)お茶はどうですか。
　　　　　A：いいですよ。
　① a 何人　　　　　　　b 三人
　② a 誰　　　　　　　　b 張さん
　③ a どこ　　　　　　　b 公園

 コラム

此"大丈夫"非彼"大丈夫"

　　日语中有很多汉语词汇，书写和我们的汉语完全一样，或仅仅是繁体与简体的细微差别。例如，日语的"学生（がくせい）"和汉语的"学生"，日语的"大丈夫"和汉语的"大丈夫"等，从事语言学研究的学者习惯称这类词为同形词。但上述两组例子不是完全相同的类型，第一组意义完全相同，同形又同义，而第二组却同形不同义。因为日语的"大丈夫"是"没有关系，没问题"的意思，和汉语的"大丈夫"所表达的意义完全不同。对学习日语的中国学生来说，这些同形而不同义的汉字词汇尤其需要注意。因为如果按照我们汉语的意思去妄加推测，"望文生义"的话，是很容易出错甚至闹笑话的。

下面这些日语中的汉字、词是什么意思呢？和我们汉语又有哪些不同呢？请大家查一查字典吧。

① 手紙（てがみ）　　② 新聞（しんぶん）　　③ 輸入（ゆにゅう）
④ 下流（かりゅう）　⑤ 迷惑（めいわく）　　⑥ 文句（もんく）
⑦ 経理（けいり）　　⑧ 老婆（ろうば）　　　⑨ 娘（むすめ）
⑩ 丈夫（じょうぶ）　⑪ 姑（しゅうとめ）　　⑫ 妖精（ようせい）

答案：
① 信　② 报纸　③ 进口　④（河流的）下游　⑤（被）麻烦或打扰
⑥ 牢骚，抱怨　⑦ 财务，会计　⑧ 老太人，老太婆　⑨ 女儿，姑娘
⑩ 结实，牢固　⑪ 婆婆；岳母　⑫ 精灵，小仙人

第8课　パーティーは賑やかで、楽しかったです

学习目标：较为详细地描述对人物或事物的印象、感想。

学习重点：

① とてもきれいな写真ですね。
　食堂のおいしいラーメンの写真です。
② 李さんもここのラーメンが好きですか。
　李さんは写真がお上手ですね。
　私もカメラ付きの携帯がほしいです。
③ ここは安くておいしいですから、大好きですよ。
④ それは丸くて明るい月です。／賑やかで、楽しかったですよ。

◆ 会話

（李玲坐在长凳上看手机，王亮路过，以为她在看短信，就凑过来聊天）

王：李さん、こんにちは。
李：あっ、王さん、こんにちは。
王：メールですか。
李：いいえ、写真です。ほら。
王：あ、とてもきれいな写真ですね。
李：ありがとう。では、次。食堂のおいしいラーメンの写真です。

王：あ、李さんもここのラーメンが好きですか。
李：ええ。安くておいしいですから、大好きですよ。
王：そうですね。あ、それは丸くて明るい月ですね。いつの写真ですか。
李：1か月前のお月見パーティーの写真です。
王：そうですか。お月見パーティーはどうでしたか。
李：たいへん賑やかで、楽しかったですよ。
王：いいですね。ほかは？
李：はい、これは新しくて立派な図書館の写真で、これは……
王：全部きれいですね。李さんは写真がお上手ですね。

本文

王さんの日記

10月22日（木）　晴れ

　今日も一日中授業でした。午前中の授業は少しつまらなかったですから、あまり元気ではありませんでした。しかし、午後の日本語の授業はとても面白くて、楽しかったです。日本語の先生はとても優しくて、授業が上手です。私は日本語の授業が好きです。
　李さんは日本語が上手です。そして、写真もとても上手です。彼女は

携帯電話がカメラ付きですから、携帯の写真が多いです。全部きれいな写真です。私も写真が好きです。だから、カメラ付きの携帯がほしいです。

✧ 単語

メール（mail）①①	（名）	电子邮件；短信
ほら①	（感）	瞧；喂
次（つぎ）②	（副）	下一个；其次
ラーメン①	（名）	拉面
好き（すき）②	（形动）	喜欢
安い（やすい）②	（形）	便宜
丸い（まるい）⓪②	（形）	圆的
明るい（あかるい）⓪③	（形）	明亮；开朗
月（つき）②	（名）	月亮
いつ（何時）①	（代）	什么时候
月見（つきみ）③⓪	（名）	赏月
新しい（あたらしい）④	（形）	新的；新鲜的
立派（りっぱ）⓪	（形动）	宏伟，气派；出色，优秀
図書館（としょかん）②	（名）	图书馆
全部（ぜんぶ）①	（副）	全部
上手（じょうず）⓪	（形动）	擅长
日記（にっき）⓪	（名）	日记
木（もく）①	（名）	星期四的简称
晴れ（はれ）②	（名）	晴天
一日（いちにち）④	（名）	一天；整天
午前（ごぜん）①	（名）	上午
少し（すこし）②	（副）	少量，稍微
つまらない③	（形）	无聊，乏味
元気（げんき）①	（名・形动）	精神；健康
午後（ごご）①	（名）	下午
携帯（けいたい）⓪	（名・他动3）	手机的简称；携带
電話（でんわ）⓪	（名・自动3）	电话；打电话
多い（おおい）①②	（形）	多
カメラ（camera）①	（名）	照相机
ほしい（欲しい）②	（形）	想要

◇ 文法・文型の解説

1. ～い（形）～／～な（形動）～

形容词和形容动词可以作谓语，也可用于名词前作定语。形容词可直接修饰名词，而形容动词则需将词尾"だ"变为"な"。但形容动词"同じだ"例外，习惯用词干直接修饰名词。例如：
(1) 次は食堂のおいしいラーメンの写真です。
(2) それはとてもきれいな写真ですね。
(3) 王さんと李さんは同じ大学です。

2. から

"から"为接续助词，用于连接两个因果关系的句子。例如：
(1) ここは安くておいしいですから、大好きですよ。
(2) 午前中の授業はつまらなかったですから、元気ではありませんでした。
(3) 今日は日曜日ですから、公園はとても賑やかです。

3. ～は～が～です

在该句型中，"～が～です"为谓语部分，该部分前后一般为主谓关系，因此这样的句式称为主谓谓语句。"～は"是兼作句子主题的主语，一般称为大主语，谓语部分的"～が"称为小主语。大主语和小主语之间一般为整体与部分、整体与侧面的关系。例如：
(1) 李さんは携帯電話の写真が多いです。
(2) 日本語はアクセントが難しいです。
(3) 王さんは頭がいいです。

如果"が"后的谓语部分用"好きだ、嫌いだ、上手だ、下手だ"等词，该句式可以表示人的好恶或水平的高低，"が"则表示情感指向、能力评价等的对象。例如：
(1) 私は日本語が下手です。
(2) 李さんは写真が上手です。
(3) 上野さんは中国語が好きです。

4. ～は～がほしいです

"ほしい"表示愿望，意为"想要"。与"好きだ、嫌いだ、上手だ、下手だ"等词不同的是，"ほしい"一般只表示第一人称的愿望，"～は"部分为第一人称，可以省略。例如：
(1) カメラがほしいです。
(2) 私は日本語の辞書がほしいです。
(3) 私は携帯電話がほしいです。

5. ～は～くて（形）／で（形动），（～は）～です

同名词谓语句一样，把形容词和形容动词变为中顿形式"て"形，即可把两个或两个以上的句子并列起来。形容词的"て"形是将形容词词尾"い"变为"く"再加上"て"，形容动词的"て"形是将形容动词词尾"だ"变为"で"。后续句主题明确时可省略。"て"形不受时态的影响，如果是对过去描述，把最后一个句子的谓语变为过去式即可。例如：

（1）ここのラーメンは安くておいしいです。（形容词谓语句＋形容词谓语句）
（2）図書館は新しくて、立派です。（形容词句＋形容动词句）
（3）教室は静かで、きれいです。（形容动词句＋形容动词句）
（4）パーティーは賑やかで、楽しかったです。（形容动词句＋形容词句）

6. ～はどうですか

这个句式可以表示建议，也可以用于询问事物的性质。将"です"变为"でした"可以用于询问过去发生的事情的情况或结果。例如：

（1）李：日本語はどうですか。
　　 張：日本語は難しいです。
（2）楊：ここはどうですか。
　　 李：とても便利です。
（3）李：パーティーはどうでしたか。
　　 王：たいへんにぎやかで、楽しかったです。

◇ 語彙・表現の解説

1. 词缀

本课中出现了几个词缀，具体用法如下表。

词　　缀	种类	意　　义	例　　词
～月（～がつ）	后缀	～月	1月、3月、6月
～か月（かげつ）	后缀	～个月	1か月、3か月、6か月
～日（～にち）	后缀	～日	11日、17日
大～（だい）	前缀	非常～，最～	大好き、大嫌い
～中（じゅう）	后缀	整～，全～	一日中、日本中、町中
～付き（つき）	后缀	带有～，附有～	カメラ付き、トイレ付き

其中，月份"～月"用"～月（がつ）"表示，而表示期间的"～个月"则用"～か月（かげつ）"表示，"～か月"有"個月、カ月、ヵ月、ケ月、ヶ月"等很多种书写方法。日语月份及期间的具体说法如下表。

	～月（がつ）	～か月（かげつ）
1	いちがつ④	いっかげつ③
2	にがつ③	にかげつ②
3	さんがつ①	さんかげつ③
4	しがつ③	よんかげつ③
5	ごがつ①	ごかげつ②
6	ろくがつ④	ろっかげつ③
7	しちがつ④	ななかげつ③
8	はちがつ④	はっかげつ③
9	くがつ①	きゅうかげつ③
10	じゅうがつ④	じ（ゅ）っかげつ③
11	じゅういちがつ	じゅういっかげつ⑤
12	じゅうにがつ	じゅうにかげつ④
何	なんがつ	なんかげつ③

日期"～日、～号"一般用"～日（にち）"表示，但"1日～10日、14日、20日、24日"的读法特殊，需注意。具体说法如下表。

～1日	1日	11日	21日	31日
	ついたち④	じゅういちにち	にじゅういちにち	さんじゅういちにち
～2日	2日	12日	22日	
	ふつか⓪	じゅうににち	にじゅうににち	
～3日	3日	13日	23日	
	みっか⓪	じゅうさんにち	にじゅうさんにち	
～4日	4日	14日	24日	
	よっか⓪	じゅうよっか	にじゅうよっか	
～5日	5日	15日	25日	
	いつか⓪	じゅうごにち	にじゅうごにち	
～6日	6日	16日	26日	
	むいか⓪	じゅうろくにち	にじゅうろくにち	
～7日	7日	17日	27日	
	なのか⓪	じゅうしちにち	にじゅうしちにち	
～8日	8日	18日	28日	
	ようか⓪	じゅうはちにち	にじゅうはちにち	
～9日	9日	19日	29日	
	ここのか④	じゅうくにち	にじゅうくにち	
～0日	10日	20日	30日	
	とおか⓪	はつか⓪	さんじゅうにち	

上表中，除了"1日（ついたち）"需变为"1日（いちにち）"外，其他日期可同时表示期间"～天"，疑问词"何日（なんにち）"也一样。

另外，后缀"中（じゅう）"接在表示范围的名词后，表示整个范围。例如"一日中、日本中、町中"等，但也偶有例外，"午前中（ちゅう）"即是。

2. ほら

感叹词，用于提醒对方注意或打招呼。相当于汉语的"看！瞧！"等意。在某些语境中也可译为"看，我说对了吧"。

A：ほら、これ、面白いですよ。
B：あ、そうですね。

3. 木

"木"是星期四的省略说法。日语的"星期～"用"～曜日（ようび）"来表达，"～"部分不是数字，具体说法如下表。

	～曜日（ようび）	意　义
月（げつ）	げつようび③	星期一
火（か）	かようび②	星期二
水（すい）	すいようび③	星期三
木（もく）	もくようび③	星期四
金（きん）	きんようび③	星期五
土（ど）	どようび②	星期六
日（にち）	にちようび③	星期日
何（なん）	なんようび③	星期几

"～曜日"是完整的说法，在日常生活中，"～曜日（ようび）"中的"日（び）"可省略，也可以直接省略"曜日（ようび）"。即可以只说"月曜、火曜、水曜、木曜、金曜、土曜、日曜"或"月、火、水、木、金、土、日"。

4. "易しい"和"優しい"

本课中出现的"日本語の先生はとても優しくて……"意为"日语老师很亲切"。"やさしい"根据使用场合不同，可以分别写作"優しい"和"易しい"。"優しい"表示"温和、温柔、和善、慈祥、热情、亲切、柔和、优美"等意思，而"易しい"表示"容易、简单、轻松"等意思。

5. "少し"和"ちょっと"

"少し"和"ちょっと"都是表示"稍微，一点儿，有点儿"的副词，不同的是"少し"多用于文章中，而"ちょっと"则多用于口语，使用范围更广。

練習用単語

りんご ⓪	（名）	苹果
大きい（おおきい）③	（形）	大的
広い（ひろい）②	（形）	宽敞的
新幹線（しんかんせん）③	（名）	新干线
はやい（速い／早い）②	（形）	快的；早的
頭（あたま）③②	（名）	头，头脑
下手（へた）②	（形动）	不擅长；差
卵（たまご）②	（名）	鸡蛋
嫌い（きらい）⓪	（形动）	不喜欢；讨厌
忙しい（いそがしい）④	（形）	忙碌
高い（たかい）②	（形）	高的；贵的
かわいい（可愛い）③	（形）	可爱的

練習問題

一、从下列①、②、③、④中选出一个正确的读音。

（1）立派（　　）
　　① りぱ　　　② りっは　　　③ りっぱ　　　④ りっぱあ
（2）上手（　　）
　　① しょうず　　② じょうず　　③ じょうす　　④ じょず
（3）図書館（　　）
　　① とじょかん　② としょかん　③ ずしょかん　④ ずしょがん
（4）携帯（　　）
　　① げいたい　　② けいだい　　③ けいたい　　④ げいだい

二、写出划线部分假名的汉字。

（1）李さんは<u>しゃしん</u>がすきです。
（2）私はカメラ<u>つき</u>の携帯<u>でんわ</u>がほしいです。
（3）それは<u>まる</u>くて<u>あかる</u>い月の写真です。

（4）図書館はあたらしくて、立派です。

三、从下列①、②、③、④中选出一个正确的答案。

（1）ここの日本料理は（　　）。
　　　① 安くておいしいです　　　　② 安いでおいしいです
　　　③ 安くおいしくなかったです　④ 安いでおいしくなかったです
（2）ここは静か（　　）公園です。
　　　① で　　　　② が　　　　③ くて　　　　④ な
（3）私（　　）日本語の授業（　　）すきです。
　　　① が、の　　② で、か　　③ は、が　　④ の、が
（4）パーティーは（　　）。
　　　① 楽しいで賑やかです　　　② 賑やかくて楽しいです
　　　③ 賑やかで楽しいです　　　④ 賑やかて楽しいです

四、仿照例句替换划线部分，进行练习。

（1）例　ここのラーメンは安くておいしいです。
　　　① このりんご　　　大きい　　　おいしい
　　　② 図書館　　　　　新しい　　　広い
　　　③ パーティー　　　楽しい　　　賑やか
　　　④ 新幹線　　　　　速い　　　　便利
（2）例　この携帯電話は便利で安いです。
　　　① この町　　　賑やか　　　便利
　　　② 図書館　　　静か　　　　きれい
　　　③ 食堂　　　　きれい　　　おいしい
　　　④ 日本語　　　きれい　　　面白い
（3）例　静かできれいな教室ですね。
　　　① 安い　　　面白い　　　本
　　　② 立派　　　明るい　　　図書館
　　　③ 広い　　　静か　　　　公園
　　　④ 優しい　　きれい　　　先生
（4）例　王さんは日本語が上手です。
　　　① 楊さん　　頭　　　　いい
　　　② 李さん　　英語　　　下手
　　　③ 王さん　　りんご　　好き
　　　④ 私　　　　卵　　　　嫌い
　　　⑤ 私　　　　辞書　　　ほしい
（5）例　あのレストランはおいしいですから、人が多いです。

① 今	8月	暑い
② 明日	試験	忙しい
③ 王先生	優しい	大好き
④ 今日	日曜日	賑やか

五、将下列汉语翻译成日语。

（1）上午的课有点无聊，所以没有什么精神。
（2）日语老师非常亲切，所以我喜欢日语课。
（3）我想要既方便又好看的手机。
（4）明亮的教室，宽敞的办公室，外语系大楼好气派啊！

六、仿照例句替换划线部分，进行口语练习。

（1）例　A：あれ、新しい（a）<u>かばん</u>ですか。
　　　　　B：はい、そうです。どうですか。
　　　　　A：（b）<u>かわいくてきれいな</u>かばんですね。
　　① a 食堂　　　　　　　　b 広くてきれいな食堂
　　② a 絵　　　　　　　　　b きれいでかわいい絵
　　③ a 建物　　　　　　　　b 高くて立派な建物

（2）例　A：昨日の（a）<u>パーティー</u>はどうでしたか。
　　　　　B：とても（b）<u>楽しかった</u>です。
　　① a 試験　　　　　　　　b たいへんでした
　　② a 相互学習　　　　　　b 面白かったです
　　③ a 映画　　　　　　　　b つまらなかったです

コラム

日本的节假日

　　在日本，法定节假日如2月11日的"建国記念の日（けんこくきねんのひ）"、5月3日的"憲法記念日（けんぽうきねんび）"等，学校、政府机关及大部分的公司都放假。这些节假日会在年历上用红色字体明确标示出来。

　　日语中还有"年中行事（ねんじゅうぎょうじ）"一词，指一年里的各种例行仪式和活动。这些"年中行事"都是从古代传承下来的，有着悠久的历史并深受民众的喜爱，但其大部分并不是日本的法定假日。虽然不放假，但人们仍然会以各种形式来庆祝。比如，每年3月3日的"雛祭り（ひなまつり）"，是日本的女儿节，也叫桃花节或偶人节。在

这一天，有女孩儿的家庭，会在家里装饰传统的日本偶人和桃花，摆上红、白、绿三种颜色的菱形年糕等，为女儿的健康成长和幸福生活祈福。还有，7月7日的"七夕（たなばた）"，来自中国的"乞巧节"。直至今天，人们还会在"七夕"这一天，立起一棵竹子，把自己的愿望写在"短冊（たんざく）"（过去专用作写诗的细长的纸）上，并挂在竹枝上。还有些地方会把挂满了"短冊"的竹子放进大海或河流让其顺水漂流，这叫做"七夕送り（たなばたおくり）"。这些"年中行事"不仅是日本的节日，也是日本传统文化中极其重要的一部分。

第9课　電子辞書は紙の辞書より高いです

学习目标：比较两个及三个或以上的人或事物。

学习重点：

① 電子辞書は紙の辞書より軽いです。
② この中でどれが一番いいですか。
③ この赤いのは緑色のほどかわいくないです。
④ A：張さんは、緑色のと赤いのと、どちらがいいですか。
　　B：私は、赤いのより緑色の方がいいです。
⑤ 緑色の／赤いの／安くて便利なのがいいです。

✧ 会話

（李玲陪张莉、王亮到书店购买日语辞典，看到顾客进店，店员说）いらっしゃいませ。

王：日本語の辞書は多いですね。

張：そうですね。李さん、どんな辞書がいいですか。

李：それはもちろん電子辞書ですよ。紙の辞書より軽くて便利ですから。でも、値段も高いですよ。2000元ぐらいです。

王：ええ？高いですね。

張：本当ですね。じゃ、紙の辞書のほうがいいですね。（挑出来蓝、绿、红三种封皮的辞典）李さん、この中でどれが一番いいです

か。

李：そうですね。（仔细翻看后）この青い辞書はアクセント付きではありませんから、ちょっとよくないです。

張：そうですか。じゃ、アクセント付きの緑色のと赤いのはどうですか。

李：緑色のは、小さくて便利ですから、悪い辞書ではありません。でも、言葉がちょっと少ないですね。それから、この赤いのは、緑色のほどかわいくないですが、言葉が多いですよ。

王：その赤いのはいくらぐらいですか。（接过来）あ、55元！高くないですね。

李：ええ、三冊の中では、赤いのが一番いいですよ。

王：そうですか。じゃ、私はこれがいいです。張さんは、緑色のと赤いのと、どちらがいいですか。

張：そうですね。小さくて便利なのがいいですね。私は、赤いのより緑色のほうがいいです。（转向店员）すみません、これをください。

◇ 本文

王さんと張さんは今、李さんと、近くの本屋の中です。この本屋は少し狭くて古いですが、日本語の辞書が多いです。

電子辞書は薄くて軽いですが、値段はけっこう高いです。王さんたちはまだ学生で、お金が少ないです。だから、電子辞書より紙の辞書のほうがいいです。

紙の辞書の中で、青の辞書はアクセントがないですから、よくないです。緑色の辞書はアクセント付きです。そして、小さくてかわいいですから、張さんは緑色のが好きです。赤い辞書は緑色のより少し重いです。しかし、アクセント付きで、言葉も多いです。だから、王さんは赤い辞書が好きです。

❖ 単語

いらっしゃる④	（自動1）	去；走；来；在
どんな①	（連体）	什么样的
もちろん②	（副）	当然，不用说
電子（でんし）①	（名）	电子
紙（かみ）②	（名）	纸
軽い（かるい）⓪②	（形）	轻的
値段（ねだん）⓪	（名）	价格，价钱
本当（ほんとう）⓪	（名・形动）	真的，的确
じゃ①	（接）	那么；那样的话
ほう（方）①	（名）	方；方向
一番（いちばん）②⓪	（副）	最
青い（あおい）②	（形）	蓝色的
緑（みどり）①	（名）	绿，绿色
色（いろ）②	（名）	颜色
赤い（あかい）⓪	（形）	红色
小さい（ちいさい）③	（形）	小
悪い（わるい）②	（形）	不好，坏
少ない（すくない）③	（形）	少
それから⓪	（接）	然后；后来
いくら①	（副）	多少钱
くださる③	（他动1）	请给（我）
近く（ちかく）②①	（名）	附近；旁边
狭い（せまい）②	（形）	狭窄
古い（ふるい）②	（形）	古老；旧

薄い（うすい）⓪②	（形）	薄；淡
けっこう（結構）①	（形动）	相当；不要，够了
金（かね）⓪	（名）	钱
青（あお）①	（名）	青，蓝色；绿灯
ない（無い）①	（形）	没有
重い（おもい）⓪	（形）	重

✦ 文法・文型の解説

1. AはBより〜です

"より"表示状态、性质等比较的对象。此句型可译为"A比B〜。"例如：

（1）電子辞書は紙の辞書より高いです。
（2）今日は昨日より寒いです。
（3）図書館は教室より静かです。

2. BよりAのほうが〜です

此句型和"AはBより〜です"表达的意义相同，只是颠倒了A和B的顺序，用来强调A，可译为"与B相比，A更〜"。例如：

（1）紙の辞書より電子辞書のほうが便利です。
（2）私は英語より、日本語のほうが好きです。
（3）日本より中国のほうが広いです。

3. AはBほど＋否定

"ほど"和"より"一样，也表示状态、性质等比较的对象，但其后一般接谓语的否定形式，可译为"A没有B〜"或"A不如B〜"。例如：

（1）紙の辞書は電子辞書ほど高くないです。
（2）鈴木さんは上野さんほど優しくないです。
（3）これはそれほど便利ではありません。

4. AとBと、どちら（のほう）が〜ですか

该句型用于询问对方对两种事物的意见，希望对方通过两者比较选择其中之一。可译为"A和B哪个更〜呀？"。答时一般用句型"BよりAのほうが〜です"。需要注意的是，三项及三项以上比较时不能用"どちら"。例如：

（1）張：電子辞書と紙の辞書と、どちらのほうが高いですか。
　　　李：電子辞書のほうが高いです。
（2）英語と日本語と、どちらが好きですか。
（3）張：月曜日と火曜日と、どちらが忙しいですか。
　　　李：火曜日のほうが忙しいです。

5. ～で、～が一番～です

"で"为助词,表示范围。此句型表示在一定的范围内(一般为三项及三项以上)进行比较选择,可译为"在～范围内,～最～。"例如:

(1) 辞書の中で、電子辞書が一番高いです。
(2) 日本料理で、お寿司が一番おいしいです。
(3) 外国語の中で、李さんは日本語が一番好きです。

6. の

"の"为准体助词,通常指代前面提到的说话人和听话人共知的人或物。名词和形容词后直接加"の",形容动词则将词尾"だ"变为"な"后再加"の",可译为"～的"。例如:

(1) 安くて便利なのがいいです。
(2) 赤いのと青いのと、どちらがいいですか。
(3) ここは張さんの席です。王さんのはどこですか。

◇ 語彙・表現の解説

1. 词缀

本课中出现了几个词缀,具体用法如下表。

词　缀	种类	意　义	例　　词
～冊(さつ)	后缀	～册,～本	1冊の本、3冊
～元(げん)	后缀	～元	5元、10元
～ぐらい／くらい	后缀	大约～,～左右	10冊ぐらい、いくらぐらい
～屋(や)	后缀	～店;～的人	本屋、お菓子屋さん

2. いらっしゃいませ

动词"いらっしゃる"的敬体命令形式,习惯用于餐饮、商店等服务行业欢迎顾客时,可译为"欢迎光临"。 欢迎朋友时,一般说"いらっしゃい"。

3. 表示色彩的词

本课出现了表示颜色的词,现将常用的归纳如下:
青い　　　緑色　　　赤い　　　白い
黒い②(くろい,黑的)　黄色い⓪(きいろい,黄的)
ピンク①(pink,粉色)　オレンジ色⓪(orange,橘黄色)

4. ～をください

在商店里买东西时对服务员说的话。意思是"把～卖给我吧,请帮我拿～"。

5. そうですね

可用于赞同或随声附和。还可用于思考、考虑，可译为"是啊！嗯……！"

6. じゃ

"じゃ"是接续词"では"的口语形式，意为"那，那么"，也可拖长一拍说"じゃあ"。根据语境，有时"じゃ"可直接表示"再见，再会"之意。

練習用単語

背（せ）①	（名）	脊背，个子
スカート（skirt）②	（名）	裙子
長い（ながい）②	（形）	长
ご飯（ごはん）①	（名）	米饭，饭
京都（きょうと）①	（专名）	京都
果物（くだもの）②	（名）	水果
スポーツ（sports）②	（名）	体育，运动
野球（やきゅう）⓪	（名）	棒球
白い（しろい）②	（形）	白色的
ネクタイ（necktie）①	（名）	领带
円（えん）①	（名）	日元
もっと①	（副）	更加；再

練習問題

一、从下列①、②、③、④中选出一个正确的读音。

（1）値段（　　）
　①ねたん　　②ねだん　　③ねた　　④なだん

（2）一番（　　）
　①いちばん　　②いばん　　③いとばん　　④ひとばん

（3）薄い（　　）
　①うずい　　②あすい　　③うすい　　④あずい

（4）軽い（　　）
　①がるい　　②ずるい　　③くるい　　④かるい

二、写出划线部分假名的汉字。

（1）かみの辞書より軽くて、べんりです。
（2）本屋はすこしせまくてふるいですが、日本語の辞書がおおいです。
（3）辞書の中で、でんし辞書が一番たかいです。
（4）あかい辞書はみどりいろのより少しおもいです。

三、用适当的助词填空。

（1）電子辞書は紙の辞書（　　）（　　）高いです。
（2）この赤い辞書は青い辞書（　　）（　　）高くないです
（3）電子辞書（　　）紙の辞書（　　）、どちら（　　）安いですか。
（4）辞書の中（　　）、電子辞書（　　）一番便利です。
（5）赤い（　　）（　　）好きです。

四、仿照例句替换划线部分，进行练习。

（1）例　この赤い辞書はあの青い辞書より安いです。
　　　① 張さん　　　　李さん　　　　背が高い
　　　② ここのお菓子　あそこのお菓子　おいしい
　　　③ このリンゴ　　そのリンゴ　　大きい
　　　④ 図書館　　　　教室　　　　静か
（2）例　普通の辞書は電子辞書ほど高くないです。
　　　① 赤いスカート　青いスカート　長い
　　　② このかばん　　そのかばん　　重い
　　　③ 今日　　　　　昨日　　　　寒い
　　　④ 日本語　　　　英語　　　　上手
（3）例　A：電子辞書と紙の辞書と、どちらのほうが高いですか。
　　　　　B：電子辞書のほうが高いです。
　　　① ラーメン　　　ご飯　　　　好き　　　　ご飯
　　　② 東京　　　　　京都　　　　賑やか　　　東京
　　　③ アメリカ　　　日本　　　　広い　　　　アメリカ
　　　④ 日本語　　　　英語　　　　上手　　　　日本語
（4）例　辞書の中で、電子辞書が一番高いです。
　　　① 果物の中　　　リンゴ　　　おいしい
　　　② 料理の中　　　お寿司　　　好き
　　　③ スポーツの中　野球　　　　上手
　　　④ クラス　　　　王さん　　　背が高い

(5) 例　便利なのがいいです。
　　① 軽い
　　② きれい
　　③ 中国
　　④ 白い

五、将下列汉语翻译成日语。

（1）那些包中，红色的那个最漂亮。
（2）绿色词典小巧方便，所以小张很喜欢它。
（3）热闹的城市和古老而安静的都市，你喜欢哪一种？
（4）小张的字典比小李的字典方便。
（5）这条红色的裙子没有那条蓝色的裙子便宜。

六、仿照例句替换划线部分，进行口语练习。

（1）例　A：王さんは（a）電子辞書と（b）紙の辞書と、どちらが好きですか。
　　　　　B：そうですね。（a）電子辞書は（b）紙の辞書より（c）便利ですね。
　　　　　　　私は（a）電子辞書のほうが好きです。
　　① a このネクタイ　　b そのネクタイ　　c 安い
　　② a このスカート　　b そのスカート　　c 長い
　　③ a このカメラ　　　b そのカメラ　　　c かわいい

（2）例　A：すみません、その（a）ネクタイはいくらですか。
　　　　　B：これですか。（b）6000 円です。
　　　　　A：もっと（c）安いのはありませんか。
　　　　　B：じゃ、こちらはどうですか。
　　　　　A：いいですね。じゃ、それを（d）ください。
　　　　　B：はい。ありがとうございます。
　　① a かばん　　　　　b 5500 円　　　c 大きい　　　d お願いします
　　② a スカート　　　　b 8300 円　　　c 長い　　　　d ください
　　③ a カメラ　　　　　b 35000 円　　 c 軽い　　　　d お願いします

日本纸币上的肖像人物是谁？

中国的人民币在日语中被读作"元（げん）"，而日元在日语中叫"円（えん）"。

日元的面值"1円"最低，接下来依次为"5円"、"10円"、"50円"、"100円"、"500円"、"千円"、"2千円"、"5千円"，最高面值为"1万円"。其中，"1円"至"500円"为硬币，"千円"以上是纸币。

2004年11月，日本发行了一套新的纸币。此前，纸币上的肖像人物按照面值大小依次为"福沢諭吉（ふくざわゆきち）"、"新渡戸稲造（にとべいなぞう）"、（"2千円"发行量较少，没有肖像人物）以及"夏目漱石（なつめそうせき）"。在新发行的纸币中，除了"1万円"的"福沢諭吉"外，其余都发生了变化。"千円"肖像人物改为世界闻名的日本细菌学家"野口英世（のぐちひでよ）"，"5千円"肖像人物则变更为日本明治文坛的女作家"樋口一葉（ひぐちいちよう）"。这是自1885年日本银行发行纸币以来，第一次在纸币正面启用女性的肖像。

其实，早在1984年日本政府发行新纸币时，"樋口一葉（1872—1896）"就与"新渡戸稲作"并列为"5千円"纸币肖像人物的候选。但"樋口一葉"年仅24岁就因病早逝，照片上脸部非常光滑（纸币肖像的皱纹和胡须等发挥着鉴别伪钞的重要作用），考虑到印刷的难度，最终没有采用她的肖像。20年后，造币技术的提高，终于使第一位女性肖像登上了日本的纸币。

第一阶段小结

✧ 主要句型小结

名词

		句　型	例　句
作谓语	现在肯定	～は～です。	これは本です。
	现在否定	～は～ではありません。	ここは銀行ではありません。
	过去肯定	～は～でした。	昨日は木曜日でした。
	过去否定	～は～ではありませんでした。	去年、私は医者ではありませんでした。
作定语		～の～	こちらは大学の食堂です。
中顿て形		～は～で、～は～です。	王さんは19歳で、大学生です。
接の		～の	これは私のです。

形容词

		句　型	例　句
作谓语	现在肯定	～は～です。	今日は寒いです。
	现在否定	～は～くないです。	日本語は難しくないです。
	过去肯定	～は～かったです。	昨日の映画は面白かったです。
	过去否定	～は～くなかったです。	パーティーは楽しくなかったです。
作定语		原形～	王さんは優しい人です。
中顿て形		～は～くて、～は～です。	ラーメンは安くて、おいしいです。
接の		～の	私は赤いのがいいです。

形容动词

		句　型	例　句
作谓语	现在肯定	～は词干です。	公園は静かです。
	现在否定	～は～ではありません。	教室はきれいではありません。
	过去肯定	～は～でした。	3年前、ここは賑やかでした。
	过去否定	～は～ではありませんでした。	昨日、私は元気ではありませんでした。
作定语		词干な～	ここは立派な図書館です。
中顿て形		～は～で、～は～です。	食堂の料理はきれいで、おいしいです。
接の		词干なの	私は便利なのが好きです。

比較句

	句　型	例　句
2项比较	AはBより～です。	テレビはラジオより高いです。
	BよりAのほうが～です。	英語より、日本語のほうが上手です。
	AはBほど＋否定。	今日は昨日ほど涼しくないです。
	AとBと、どちら（のほう）が～ですか。	12月と1月と、どちらが寒いですか。
≥3项	～で、～がいちばん～です。	1年で、8月がいちばん暑いです。

✧ こそあど系列词汇小结

意　义	词　性	近　称	中　称	远　称	疑　问
指示事物	代词	これ⓪	それ⓪	あれ⓪	どれ①
指示事物	连体词	この⓪	その⓪	あの⓪	どの①
指示场所	代词	ここ⓪	そこ⓪	あそこ⓪	どこ①
指示方位、人	代词	こちら⓪	そちら⓪	あちら⓪	どちら①

✧ 助词小结

助词	位　置	意　义	例　句
は	名词或助词后	提示主题	鈴木さんは日本人です。
の	名词后	修饰后面的名词	ここは中国の北京です。
と	名词后	并列、列举	日本語は李さんと楊さんの専門です。
	名词后	共同动作的对象	明日から、李さんと相互学習です。
も	名词或助词后	类同	これは雑誌です。それも雑誌です。
が	名词后	主语	何が難しいですか。
	名词后	对象	王さんはカメラがほしいです。
	句子后	连接转折关系的句子	去年は学生でしたが、今年は会社員です。
で	名词后	范围	果物の中で、リンゴがいちばん好きです。
から	名词后	范围起点	王さんは今日から大学生です。
	句子后	连接因果关系的句子	彼はまだ学生ですから、お金がないです。
か	句末	疑问	これはいくらですか。
ね	句末	确认，征求同意	あの子は王さんですね。
よ	句末	提示等信息的传递	あの人は日本人ですよ。

第一阶段模拟试题

問題1、下の文の下線の漢字を平仮名で書きなさい。（1点×10）

(1) 李さんは中国人で、大学二年生です。
(2) 私の父は大学の先生で、母は会社員です。
(3) ここは日本語学科の教室です。
(4) 私は日本語の電子辞書がほしいです。
(5) 上野先生の授業はとても面白いです。
(6) 張さんは六人家族です。
(7) この建物は銀行です。
(8) 王さんは卵が嫌いです。
(9) すみません、ご専門は何ですか。
(10) 食堂は安くて、便利です。

問題2、下の文の下線の言葉を漢字で書きなさい。（1点×10）

(1) ゆうびんきょくは銀行のみぎがわです。
(2) ここはひろくて、きれいなこうえんです。
(3) 本屋はすこしせまくてふるいです。
(4) きょうは昨日よりさむいです。
(5) わたしは日本語よりえいごのほうがじょうずです。
(6) 先生のじむしつはこのへやのとなりです。
(7) ここはがっこうのとしょかんです。
(8) さんがいは四年生の教室です。
(9) 明日はにがつ　むいかです。
(10) 銀行のまえのりっぱな建物はスーパーです。

問題3、下の文の下線のところにどの言葉を入れますか。①②③④の中から一番いいものを選びなさい。（1.5点×20）

(1) 昨日は_____です。
　　① 暑い　　② 暑く　　③ 暑かった　　④ 暑くない
(2) 日本語は英語ほど_____です。
　　① 難しい　② 難しかった　③ 難しくない　④ 難しくありません
(3) 彼女は_____てきれいです。
　　① やさしい　② やさし　③ やさしく　④ やさしくない

（4）電子辞書と普通の辞書と、＿＿＿＿＿＿が好きですか。
　　　① どこ　　② どちら　　③ だれ　　④ どの
（5）果物の中＿＿＿＿＿＿、りんごが一番好きです。
　　　① で　　② と　　③ に　　④ の
（6）日本語は面白いです。＿＿＿＿＿＿、好きです。
　　　① しかし　　② でも　　③ だから　　④ そして
（7）昨日のパーティーはとても賑やか＿＿＿＿＿＿、楽しかったです。
　　　① て　　② な　　③ くて　　④ で
（8）これはだれ＿＿＿＿＿＿本ですか。
　　　① の　　② と　　③ で　　④ に
（9）王さん＿＿＿＿＿＿李さんは私の友達です。
　　　① と　　② の　　③ に　　④ で
（10）母は1年前は学校の先生でした＿＿＿＿＿＿、今は医者です。
　　　① が　　② に　　③ か　　④ の
（11）火曜日の次は＿＿＿＿＿＿です。
　　　① 木曜日　　② 月曜日　　③ 水曜日　　④ 金曜日
（12）田中さんの隣の女の子は＿＿＿＿＿＿ですか。
　　　① これ　　② それ　　③ どれ　　④ だれ
（13）＿＿＿＿＿＿本は私のです。
　　　① この　　② これ　　③ ここ　　④ どの
（14）あの＿＿＿＿＿＿建物は銀行です。
　　　① 高い　　② 高くて　　③ 高いの　　④ 高いで
（15）彼女は＿＿＿＿＿＿人です。
　　　① きれい　　② きれいな　　③ きれくて　　④ きれいの
（16）このかばんはちょっと古いですが、とても＿＿＿＿＿＿です。
　　　① かわいい　　② 難しい　　③ 新しい　　④ 賑やか
（17）きょう＿＿＿＿＿＿仕事です。
　　　① で　　② を　　③ から　　④ と
（18）この辞書は便利ですが、＿＿＿＿＿＿、高いです。
　　　① しかし　　② とても　　③ そして　　④ だから
（19）李さんのかばんは＿＿＿＿＿＿かばんですか。
　　　① どこ　　② どの　　③ どれ　　④ どちら
（20）どちら＿＿＿＿＿＿事務室ですか。
　　　① か　　② が　　③ は　　④ ね

第一阶段模拟试题

問題 4、次の文と大体同じ意味の文はどれですか、①②③④から一番いいものを一つ選びなさい。（3点×5）

(1) あしたは月曜日です。
　　① 昨日は木曜日でした。　　② 昨日は日曜日でした。
　　③ 昨日は土曜日でした。　　④ 昨日は水曜日でした。
(2) この食堂はおいしいです。
　　① ここの料理は安いです。　　② ここの料理は高いです。
　　③ ここの料理はおいしいです。　　④ ここの料理はおいしくないです。
(3) 今年は去年より寒いです。
　　① 今年は去年ほど寒くないです。
　　② 今年は去年ほど暑くないです。
　　③ 今年は寒かったですが、今年は暑いです。
　　④ 去年も寒かったですが、今年はもっと寒いです。
(4) 図書館は四階建てです。日本語学部の建物は図書館より高いです。
　　① 日本語学部の建物は五階建てです。
　　② 日本語学部の建物は三階建てです。
　　③ 日本語学部の建物は二階建てです。
　　④ 日本語学部の建物は一階建てです。
(5) 田中さんの会社は小さいです。
　　① 田中さんの会社は小さくないです。
　　② 田中さんの会社は大きいです。
　　③ 田中さんの会社は大きくないです。
　　④ 田中さんの会社は多いです？

問題 5、次の中国語を日本語に訳しなさい。（4点×5）

(1) 小张是中国留学生。
(2) 我家有四口人，爸爸妈妈弟弟和我。
(3) 这是我们班的照片。
(4) 超市昨天非常热闹。
(5) 电梯在哪里呢？

問題 6、次の日本語を中国語に訳しなさい。（3点×5）

(1) 昨日は土曜日で、私の誕生日でした。
(2) ここの料理はおいしいです。だから、人が多いです。
(3) ここは昼は賑やかですが、夜は静かです。
(4) あの先生はとても優しいです。そして、授業も面白いです。
(5) わたしはカメラ付きの携帯電話がほしいです。

第10课　インターネットをします

学习目标：叙述自己一天的日常生活
学习重点：
① 何時からネットをしますか。/あまりチャットをしません。
　早くログインしました。/一年生の時は使いませんでした。
② 早くログインしました。/上手にネットを使います。
③ 土日は午後1時から9時までです。
④ いつもオフラインでログインしますよ。

◆ 会話

（晩上，李玲隐身登录了聊天工具。不久，看到铃木上线了，李玲和铃木打招呼）

李：鈴木さん、こんばんは。
鈴木：あ、李さん、こんばんは。
李：鈴木さんは、夜、いつも何時からインターネットをしますか。
鈴木：そうですね、大体9時半ごろからです。
李：そっちの9時半はこっちの8時半ですね。でも、今はまだ6時40分ですよ。
鈴木：あ、今日はバイトがなかったですから、早くログインしました。
李：そうですか。どんなバイトですか？どのくらいしますか。

鈴木：スーパーのバイトです。月、水、金は午後6時から9時までで、3時間ぐらいします。土日は午後1時から9時までで、8時間ぐらいです。
李：忙しいですね。私はあまりバイトをしません。
鈴木：そうですか。李さんは、あまりチャットをしませんか。
李：いいえ、1年生の時はしませんでしたが、今は時々しますよ。
鈴木：じゃ、李さんは何時ごろからログインしますか。
李：大体鈴木さんと同じ時間です。でも、いつもオフラインでログインします。
鈴木：あ、そうですか。私もよくそうします。
李：じゃ、これからは先にメッセージを送りますね。
鈴木：はい。

本文

今、若い人はよくインターネットを使います。
李さんはおとといパソコンを買いました。それまでは携帯電話でインターネットをしました。しかし、携帯は小さいですから、あまり便利ではありません。だから、ネットカフェもよく使いました。今はパソコンも携帯も使いますが、携帯よりパソコンのほうをよく使います。

李さんはとても上手にインターネットを使います。よくネットで日本のニュースを見ます。日本語でチャットもします。今日の夕方、日本人のネット友達の鈴木さんとチャットをしました。

　インターネットで、李さんは日本のことを、たくさん勉強しました。

◇ 単語

こんばん（今晩）①	（名）	今晚
夜（よる）①	（名）	夜晚
いつも①	（副）	总是；经常
インターネット④（internet）/ネット①	（名）	因特网
する⓪	（他动3）	做，干
大体（だいたい）⓪	（副）	大概，差不多
そっち③	（代）	那边，你那儿；那里
こっち③	（代）	这边，我这儿；这里
バイト⓪/アルバイト（徳 Arbeit）③	（名・自动3）	临时工；兼职；打工
ログイン（log in）③	（名・自动3）	登录，注册
どのくらい⓪	（副）	多少
チャット（chat）①⓪	（名・自动3）	网上聊天
時（とき）②	（名）	时间；时候
時々（ときどき）⓪	（名・副）	有时
時間（じかん）⓪	（名）	时间；小时
オフライン（off-line）③	（名・自动3）	脱机，不在线
よく①	（副）	经常；好好地
先（さき）⓪	（名）	先，事前
メッセージ（message）①	（名）	留言；信息
送る（おくる）②	（他动1）	寄送；度过
若い（わかい）②	（形）	年轻的
使う（つかう）⓪	（他动1）	使用
おととい（一昨日）③	（名）	前天
パソコン（personal computer 略）⓪	（名）	电脑
買う（かう）⓪	（他动1）	买

第 10 课

ニュース（news）①	（名）	新闻
見る（みる）①	（他动2）	看
夕方（ゆうがた）⓪	（名）	傍晚
こと（事）②	（名）	事情，情况
たくさん（沢山）③	（名·形动）	很多，大量

◆ 文法・文型の解説

1. 动词

动词是日语的主要词类之一，表示人的动作，人或事物的变化，状态和存在，词尾在"ウ"段假名上。根据其形态和活用规律可分为三类，即第1类动词（五段动词）、第2类动词（一段动词）、第3类动词（"サ"变动词和"カ"变动词）。

种 类		特 征	例 词
第1类 （五段动词）		词尾不是"る"的动词； 词尾是"る"时，"る"前假名在"ア、ウ、オ"段上	使う 買う 送る
第2类 （一段动词）		词尾是"る"，"る"前假名在"イ"段或"エ"段上（个别为特殊1类动词）	見る 食べる
第3类	"サ"变动词	"する"或"名词+する"	する、勉強する
	"カ"变动词	"来る"	来る

2. ～は～ます/ません/ました/ませんでした

动词的"ます"形作谓语，构成动词谓语句，可表示习惯性、反复性的或将来的动作、变化、状态等。各类动词的"ます"形变化规则见下表。

种 类	例 词	ま す	変 化 方 法
第1类 （五段动词）	買う 使う 送る	買います 使います 送ります	词尾由"ウ"段变为该行的"イ"段后，加"ます"
第2类 （一段动词）	見る 食べる	見ます 食べます	直接去"る"后，加"ます"
第3类 （"サ"变动词、"カ"变动词）	する 練習する	します 練習します	"する"变为"し"，再加"ます"
	来る（くる）	来ます（きます）	变为"き"再加"ます"

"～ます"的否定形式是"～ません"，过去肯定形式是"～ました"，过去否定形

式是"～ませんでした"。例如：

（1）私は5時からインターネットをします。
（2）王さんはあまりチャットしません。
（3）今日は、早くログインしました。
（4）一年生の時は、あまり使いませんでした。

3. を

"を"为助词，接在名词之后、动词之前，一般表示前面的名词是后面的动作涉及的对象，即汉语的宾语。

日语动词有自动词和他动词两种。自动词相当于不及物动词，作谓语时一般不要求带宾语，比如"仕事する"。他动词相当于及物动词，作谓语时一般要求带宾语，比如"買う"。也有一些动词兼有自、他动词的性质。比如"終わる（おわる，结束）"。例如：

（1）李さんは毎日日本語を勉強します。
（2）上野さんは9時から5時まで仕事をします。
（3）昨日、張さんはパソコンを買いました。

4. ～く～ます（形容词）/～に～ます（形容动词）

这是形容词和形容动词修饰动词时的副词性用法，表示动作的状况或结果。形容词修饰动词时，要将词尾"い"变成"く"；形容动词修饰动词时，要将词尾"だ"变成"に"。例如：

（1）今日は、早くログインしました。
（2）李さんはインターネットをとても上手に使います。
（3）今日、私は果物を多く買いました。

5. まで

"まで"为助词，接在名词后面，表示动作、作用在某个范围的终点，常和表示起点的"から"搭配使用，后面也可直接接"です"作谓语。例如：

（1）バイトは何時から何時までですか。
（2）それまでは携帯電話をよく使いました。
（3）授業は午後5時までです。

6. で

"で"为助词，接在名词后，表示动作行为的方式、工具、手段等。例如：

（1）私はいつもオフラインでログインします。
（2）楊さんは時々携帯電話でインターネットをします。
（3）李さんはよくインターネットで日本語を勉強します。

◇ 語彙・表現の解説

1. 词缀

本课中出现了几个词缀，具体用法如下表。

词　缀	种类	意　义	例　词
〜時（じ）	后缀	〜点，〜时	1時、4時、9時
〜分（ふん）	后缀	〜分，〜分钟	2時10分、3分、45分
〜間（かん）	后缀	〜期间；〜中间	1時間、1年間、二日間
〜半（はん）	后缀	〜半	1時半、1時間半、一年半
〜ごろ（頃）	后缀	左右；时候	1時頃、7時頃、今頃

其中，"〜時"表示"〜点"，"〜時間"表示"〜小时"。而"〜分"则既可表示时间单位，又可表示时间长短"〜分钟"，"〜間"可加可不加。具体如下表。

	〜時	〜分	〜時間
1	いちじ②	いっぷん①	いちじかん③
2	にじ①	にふん①	にじかん②
3	さんじ①	さんぷん①	さんじかん③
4	よじ①	よんぷん①	よじかん②
5	ごじ①	ごふん①	ごじかん②
6	ろくじ②	ろっぷん①	ろくじかん③
7	しちじ②	ななふん②	しちじかん③
8	はちじ②	はっぷん①	はちじかん③
9	くじ①	きゅうふん①	くじかん②
10	じゅうじ①	じ（ゅ）っぷん①	じゅうじかん③
11	じゅういちじ④	じゅういっぷん③	じゅういちじかん⑤
12	じゅうにじ③	じゅうにふん③	じゅうにじかん④
何	なんじ①	なんぷん①	なんじかん③

2. こんばんは

晚上见面时候的寒暄用语，意思是"晚上好"。和之前学过的"こんにちは"相似，多用于不是很熟悉的人之间。若用于熟悉的人之间，会给人以距离感。

3. "ごろ"和"ぐらい（くらい）"

"ごろ"和"ぐらい"为后缀，都可译为"〜左右，大约〜"。但需要注意的是，"ごろ"一般只用于表示时间点的名词后，而"ぐらい"的适用范围很广，用于时间时，一

般用在表示时间段的名词后。例如：

（1）私は夜 10 時ごろからインターネットをします。
（2）李さんは夜、2 時間ぐらいインターネットをします。
（3）電子辞書は 2 000 元ぐらいです。
（4）どのくらいバイトをしますか。

4. こっち、そっち

"こっち、そっち"是"こちら、そちら"的口语形式，本课中表示聊天的两方，可译为"（我）这边、（你）那边"。同样，"あちら、どちら"的口语形式为"あっち、どっち"。

5. ～と同じ～

助词"と"表示比较的基准。"同じだ"为特殊的形容动词，直接用词干修饰名词。此表达可译为"与～相同的～"。例如：私は李さんと同じクラスです。其后也可接"ぐらい"，表示两者程度相当。例如：李さんは王さんと同じぐらい背が高いです。

6. いつもオフラインでログインします

"オフライン"是"脱机、不在线"的意思，"で"表示方式。本句话可译为"总是隐身登录"。

✧ 練習用単語

毎日（まいにち）①	（名）	每天
タバコ（煙草/葡 tabaco）⓪	（名）	香烟
吸う（すう）⓪	（他动1）	吸，抽
お酒（おさけ）⓪	（名）	酒
売る（うる）⓪	（他动1）	卖
コーヒー（coffee）③	（名）	咖啡
飲む（のむ）①	（他动1）	喝，饮
来る（くる）①	（自动3）	来，来到；来自
食べる（たべる）②	（他动2）	吃
夏（なつ）②	（名）	夏天
休み（やすみ）③	（名）	休息

あさって（明後日）②	（名）	后天
飛行機（ひこうき）②	（名）	飞机

れんしゅうもんだい
練習問題

一、从下列①、②、③、④中选出一个正确的读音。

(1) 送る（　）
　①　いくる　　②　おかる　　③　おくる　　④　おきる
(2) 使う（　）
　①　づかう　　②　つかう　　③　つがう　　④　づがう
(3) 買う（　）
　①　かう　　②　がう　　③　こう　　④　はう
(4) 若い（　）
　①　わくい　　②　わかい　　③　じゃくい　　④　わがい

二、写出划线部分假名的汉字。

(1) 今日の<u>ゆうがた</u>、日本人のネット<u>ともだち</u>とチャットしました。
(2) 李さんと<u>だいたい</u>おなじ<u>じかん</u>です。
(3) 李さんは、<u>おととい</u>パソコンをかいました。
(4) <u>げつ</u>、<u>すい</u>、<u>きん</u>は<u>ごご</u>6時から9時までです。

三、用适当的平假名填空。

(1) 私たちは楽し（　　）日本語（　　）勉強します。
(2) 李さんはインターネットを上手（　　）使います。
(3) 張さんはいつもオフライン（　　）ログインします。
(4) 授業は何時（　）（　　）何時（　）（　　）ですか。

四、仿照例句替换划线部分，进行练习。

(1) 例　A：<u>李さん</u>は毎日、<u>インターネット</u>を<u>使い</u>ますか。

　　　　　　B1：はい、使います。
　　　　　　B2：いいえ、あまり使いません。
　　　①　張さん　　　　タバコ　　　　　吸う
　　　②　王さん　　　　お酒　　　　　　売る
　　　③　鈴木さん　　　バイト　　　　　する
　　　④　李さん　　　　コーヒー　　　　飲む
（2）例　A：おととい、張さんはバイトをしましたか。
　　　　　　B1：はい、しました。
　　　　　　B2：いいえ、しませんでした。
　　　①　鈴木さん　　　パソコン　　　　使う
　　　②　李さん　　　　お菓子　　　　　食べる
　　　③　張さん　　　　映画　　　　　　見る
　　　④　先生　　　　　授業　　　　　　する
（3）例　早くログインしました。/お寿司をおいしく食べました。
　　　①　　　　　　　　楽しい　　　　　買い物する
　　　②　　　　　　　　長い　　　　　　電話する
　　　③　お酒　　　　　多い　　　　　　飲む
　　　④　カメラ　　　　安い　　　　　　買う
（4）例　静かにチャットしました。/お茶を静かに飲みました。
　　　①　　　　　　　　静か　　　　　　仕事する
　　　②　　　　　　　　元気　　　　　　アルバイトする
　　　③　パソコン　　　上手　　　　　　使う
　　　④　ご飯　　　　　きれい　　　　　食べる
（5）例　バイトは8時から9時までです。
　　　①　授業　　　　　月曜日　　　　　金曜日
　　　②　夏休み　　　　7月5日　　　　　8月31日
　　　③　会社　　　　　午前8時半　　　　午後5時半
　　　④　休み　　　　　おととい　　　　あさって
（6）例　インターネットで日本語を勉強します。
　　　①　飛行機　　　　来る
　　　②　携帯電話　　　メールを送る
　　　③　パソコン　　　映画を見る
　　　④　ネット　　　　本を買う

五、将下列汉语翻译成日语。

（1）我不怎么上网。

（2）前天，小李没有买电脑。
（3）小王经常通过网络学习日语。
（4）我从下午4点到10点打工。

六、仿照例句替换划线部分，进行口语练习。

（1）例　A：昨日、(a) インターネットをしましたか。
　　　　　B：いいえ、(b) しませんでした。
　　　　　A：何を (c) しましたか。
　　　　　B：(d) 日本語を勉強しました。

① a 映画を見ました　　　b 見ませんでした
　c しました　　　　　　d 勉強しました
② a ラーメンを食べました　b 食べませんでした
　c 食べました　　　　　　d ご飯を食べました
③ a かばんを買いました　　b 買いませんでした
　c 買いました　　　　　　d ネクタイを買いました

（2）例　A：(a) 授業は (b) 何時からですか。
　　　　　B：(c) 8時からです。
　　　　　A：(b) 何時までですか。
　　　　　B：(d) 午後5時までです。
　　　　　A：(e) 8時から5時までですね。
　　　　　B：はい、そうです。

① a 休み　　b 何日　　c 1日　　d 7日　　e 1日から7日まで
② a 映画　　b 何時　　c 4時　　d 5時半　e 4時から5時半まで
③ a 勉強　　b 何月　　c 4月　　d 9月　　e 4月から9月まで

 コラム

使用手机的礼仪

日本人打电话时习惯自报家门，手机也不例外。接电话的一方会先说出自己的名字"はい、～です"，接着打电话的一方也会说明自己的身份。直接说要找谁或询问对方是谁，是不太不礼貌的。近年来，出于安全原因，接电话方等对方先介绍自己的情况增多了。

使用手机必须考虑场合以及是否会影响他人，因此在教室、图书馆、会议室、电影院、音乐厅等必须保持安静的场所，理所当然要关闭手机。不仅如此，在日本，电车、

公共汽车、地铁、餐厅等不要求绝对安静的场所，也要关闭手机或将手机调到振动模式（マナーモード）。如果有急事不得不接打手机，应尽量压低声音并尽快结束谈话，或者迅速到室外或其他人少的地方接听。

　　日本的电车内，每节车厢的两端均设有老弱病残孕专席（優先席、ゆうせんせき），在那里就座或站立的乘客，必须将自己的手机关闭。关于这一点，电车乘务员会反复通过车内广播提醒乘客。在其他座位，虽不至于关闭手机，但至少要将手机调到振动模式，并尽量不接打手机。

　　因此，在日本的各种公共场合，很少听到手机铃声以及接打手机的说话声。

第11课　三人でチャットをしませんか

学习目标：邀请朋友做某事，叙述日常学习生活。

学习重点：

① ——三人でチャットをしませんか。
　　——いいですよ。一緒にしましょう。
② 日本の大学は午前の授業が何時に始まりますか。
③ もうすぐ駅に着きます。
④ 鈴木さんは毎朝アパートから自転車で大学へ行きます。

◇会話

（周末，李玲在与铃木聊天时，王亮也上线了。于是，李玲提议三人一起聊天。征得王亮同意后，李玲又问铃木。）

李：あのう、もう一人の友達もオンライン中ですが、三人で一緒にチャットをしませんか。

鈴木：えっ、いいですよ。一緒にしましょう。

（李玲把王亮加了进来。王亮和铃木互相寒暄后，三人开始聊天。）

王：あのう、鈴木さん、日本の大学は午前の授業が何時に始まりますか。

鈴木：こっちは9時に始まります。そっちは。

王：9時ですか。こっちは8時です。私たちはいつも6時ごろに起きます。

鈴木：早いですね。私はいつも8時ごろですよ。

李：そうですか。遅くないですか。
鈴木：大学まで自転車で5分ですから。
王：大学まで？寮は大学の外ですか。
鈴木：ええ、日本の大学生は、大抵アパート生活です。
……　……
鈴木：あ、すみません。もうすぐ駅に着きます。
李：あ、まだバスの中ですか。
鈴木：いいえ、電車の中です。今日もバイトでした。
李：分かりました。じゃあ、またね。
王：またチャットしましょうね。
鈴木：はい。じゃ、お先にお休みなさい。お二人はどうぞごゆっくり。

✧ 本文

　　李さんと王さんはいま、中国の大学の寮です。鈴木さんは日本の電車の中です。今晩、李さんと王さんはパソコンで、鈴木さんは携帯で、

三人で40分ぐらいチャットをしました。
　　中国の大学生は寮生活です。授業が8時に始まりますから、李さんたちは朝早く起きます。昼ご飯のあと、また寮に帰ります。夏と秋は1時間半ぐらい、冬と春は1時間ぐらい休みます。夜は、大抵11時に寝ます。しかし、日本の大学は朝が遅いです。鈴木さんは毎朝8時40分に、アパートから自転車で大学へ行きます。お昼はアパートに帰りません。授業のあと、よく野球をします。そして、スーパーのアルバイトもします。夜は、いつも12時ごろに寝ます。
　　李さんたちと鈴木さんは同じ大学生ですが、大学生活はけっこう違います。

◇ 単語

オンライン（on-line）③	（名）	联机，在线
一緒（いっしょ）⓪	（名）	一起，一块儿
始まる（はじまる）⓪	（自動1）	开始
起きる（おきる）②	（自動2）	起床
遅い（おそい）②⓪	（形）	迟的，慢的
自転車（じてんしゃ）②	（名）	自行车
寮（りょう）①	（名）	宿舍
外（そと）①	（名）	外边
大抵（たいてい）⓪	（副）	大部分；一般
アパート（apartment house 略）②	（名）	公寓
生活（せいかつ）⓪	（名・自動3）	生活
駅（えき）①	（名）	车站；火车站
着く（つく）①	（自動1）	到达
バス（bus）①	（名）	公交车
電車（でんしゃ）⓪	（名）	电车；轻轨
分かる（わかる）②	（自動1）	明白，懂；知道
また（又）⓪	（副・接）	再，又；另
休む（やすむ）②	（自動1）	休息；请假
ゆっくり③	（副・自動3）	慢慢地，好好地
朝（あさ）①	（名）	早晨
昼（ひる）②	（名）	白天；中午；午饭

あと（後）①	（名）	之后；后面；再有
帰る（かえる）①	（自動1）	回来，回去
秋（あき）①	（名）	秋天
冬（ふゆ）②	（名）	冬天
春（はる）①	（名）	春天
寝る（ねる）⓪	（自動2）	睡觉
行く（いく）⓪	（自動1）	去；进展
違う（ちがう）⓪	（自動1）	不同；错误

◇ 文法・文型の解説

1. ～ましょう

动词谓语句中的"ます"变为"ましょう"，表示劝诱，建议对方与说话人共同做某事，相当于汉语的"一起～吧、～怎么样"等。有时也用"ましょうか"的形式，语气更委婉。例如：

（1）みんなで行きましょう。

（2）一緒にお茶を飲みましょうか。

（3）二人で映画を見ましょう。

2. ～ませんか

动词谓语句中的"ます"变为"ませんか"，是一种征求对方意见的礼貌说法，表示建议、邀请对方共同做某事，礼貌程度高于"ましょう"，可译为"不一起～吗、～吧"。例如：

（1）三人でチャットをしませんか。

（2）一緒にコーヒーを飲みませんか。

（3）お寿司を食べませんか。

3. で

助词"で"接在表示人数的数量词或表示人的名词后，表示动作主体的数量和范围。例如：

（1）三人でチャットしませんか。

（2）一人で行きました。

（3）みんなで帰りましょう。

4. に

助词"に"的用法比较多，在本课中出现了两种用法：

1）时间

"に"接在表示日期、时刻、星期等时间名词后，构成句子的时间状语，表示动作或行为的具体时间。例如：

（1）1月3日に行きます。

（2）映画は3時に終わります。

（3）私は土日にバイトをします。

但需注意的是，类似于"今年、去年、今日、明日、毎日、毎朝、先週（せんしゅう、上周）、来週（らいしゅう、下周）、先月（せんげつ、上个月）、来月（らいげつ、下个月）"等时间名词后，习惯上不用"に"。

2）目的地

"に"接在地点名词之后，表示移动的目的地，与之搭配的是表示主体移动的动词。例如：

（1）李さんはすぐここに来ます。

（2）上野さんは会社に行きました。

（3）鈴木さんは日本に帰りました。

5. へ

助词"へ"（读作"え"）接在地点名词之后，表示移动的方向。用法与表示"目的地"的"に"基本相同。例如：

（1）李さんは来年日本へ来ます。

（2）鈴木さんは図書館へ行きました。

（3）私は昨日10時に家へ帰りました。

◇ 語彙・表現の解説

1. 词缀

本课中出现了几个词缀，具体用法如下表。

词缀	种类	意义	例词
毎〜（まい）	前缀	毎〜	毎年、毎日、毎朝
〜中（ちゅう）	后缀	〜当中；正在〜	10人中；授業中、バイト中

其中，后缀"〜中"读作"〜ちゅう"时，可以表达两种意义。一种为"〜当中"，

例如：10人中、8人が男の子です。一种为"正在～中"，表达这种意义时，一般接在有动作意义的名词后面，表示某种动作、状态正在进行或持续。例如：今、授業中です。

2. じゃあ、またね

寒暄语，用于和比较熟悉的人道别时，"また"后省略了"会い（あい）ましょう"这一动词，表示"再见、回头见"之意。"じゃあ"是"では"的口语形式"じゃ"的拖长。

3. お先に

用于先于别人做某事时，可译为"我先～了"。也可后续"どうぞ"，用于请别人先干某事时，可译为"请您先～"。例如：
（1）王さん、お先に行きますね。
（2）李さん、どうぞお先に。

4. お休みなさい

动词"休む"的敬语"お休みなさる"的命令形式。用于睡觉前的问候，相当于汉语的"晚安"。家人或熟悉的朋友之间也可简单说"お休み"。

5. どうぞごゆっくり

寒暄语。可用于很多场合，根据场合可译为"请您慢用！""请随意！""请慢慢来"等。

6. ～のあと

"あと"接在名词之后，构成句子的时间状语，表示进行完该名词所指的动作之后，进行另外一个动作。相当于"～之后、～以后"。有时可以后续助词"で"。也可单独使用，表示"回头，过会儿，以后"等意思。例如：
（1）昼ご飯のあと、寮に帰ります。
（2）授業のあとで、電話します。
（3）じゃ、またあとで。（那回头见！）

✧ 練習用単語

歌（うた）②	（名）	歌曲
歌う（うたう）⓪	（他动1）	唱
走る（はしる）②	（自动1）	跑；行驶
散歩（さんぽ）⓪	（名・自动3）	散步
出掛ける（でかける）⓪	（自动2）	出去；外出
終わる（おわる）⓪	（自・他动1）	结束

タクシー（taxi）①	（名）	出租车
映画館（えいがかん）③	（名）	电影院
家（いえ）②	（名）	家；房屋
地下鉄（ちかてつ）⓪	（名）	地铁
車（くるま）⓪	（名）	汽车
遊ぶ（あそぶ）⓪	（自动1）	玩

練習問題

一、从下列①、②、③、④中选出一个正确的读音。

（1）起きる（　）
　　① あきる　　② おきる　　③ おぎる　　④ あぎる
（2）違う（　）
　　① ちかう　　② まちがう　　③ ちがう　　④ こよう
（3）遅い（　）
　　① おろい　　② さろい　　③ おくい　　④ おそい
（4）帰る（　）
　　① がえる　　② かいる　　③ かえる　　④ かひる

二、写出划线部分假名的汉字。

（1）まいあさ、じてんしゃで大学へいきます。
（2）昼ごはんのあと、1時間ぐらいやすみます。
（3）よる、たいてい10時にねます。
（4）さんにんでいっしょにチャットしませんか。

三、用适当的助词填空。

（1）ふたり（　）図書館（　）行きます。
（2）授業は何時（　）始まりますか。
（3）大学（　）（　）自転車（　）5分です。
（4）もうすぐ駅（　）着きます。

四、仿照例句替换划线部分，进行练习。

（1）例　<u>三人</u>で<u>チャット</u>しましょう。／<u>クラス</u>で<u>歌</u>を<u>歌い</u>ましょう。
　　　① みんな　　　　　　走る
　　　② 家族　　　　　　　散歩する
　　　③ 二人　　　　　　　映画　　　　　　見る
　　　④ 四人　　　　　　　お酒　　　　　　飲む
（2）例　<u>授業</u>は9<u>時</u>に<u>始まり</u>ました。
　　　① 映画　　　　　　　4時　　　　　　終わる
　　　② 李さん　　　　　　9時　　　　　　出掛ける
　　　③ 私　　　　　　　　日曜日　　　　　東京へ行く
　　　④ 王さん　　　　　　3月　　　　　　コンピューターを買う
（3）例　<u>自転車</u>で<u>大学</u>へ行きます。
　　　① タクシー　　　　　映画館　　　　　行く
　　　② バス　　　　　　　家　　　　　　　帰る
　　　③ 地下鉄　　　　　　大学　　　　　　来る
　　　④ 車　　　　　　　　会社　　　　　　行く
（4）例　<u>駅</u>に<u>着き</u>ました。
　　　① 中国　　　　　　　来る
　　　② 日本　　　　　　　行く
　　　③ アパート　　　　　帰る
　　　④ 家　　　　　　　　着く

五、将下列汉语翻译成日语。

（1）我每天骑自行车去学校。
（2）八点开始上课，所以小李早上早早就起床了。
（3）午饭后回宿舍，大概休息一个小时。
（4）小李和铃木虽然都是大学生，但是大学生活却有很大不同。
（5）我们三个人一起吃午饭吧。

六、仿照例句替换划线部分，进行口语练习。

（1）例　A：（a）<u>授業は何時に始まり</u>ますか。
　　　　　B：（b）<u>午前8時に始まり</u>ます。
　　　　　A：じゃ、何時に（c）<u>大学</u>へ行きますか。
　　　　　B：（d）<u>7時10分</u>に行きます。

① a 映画　　　　　b 午後4時　　　c 映画館　　　d 3時45分
② a 朝ご飯　　　　b 6時　　　　　c 食堂　　　　d 6時半
③ a 仕事　　　　　b 9時　　　　　c 会社　　　　d 8時40分

（2）例　A：（a）二人で（b）行きませんか。
　　　　B：いいですね。一緒に（b）行きましょう。

① a みんな　　　　b 遊び
② a 三人　　　　　b 帰り
③ a 家族　　　　　b 出かけ

コラム

日本的大学

日本的大学分为国立、公立、私立三种。国立大学即由国家设立的大学，如"東京大学"。公立大学是由地方自治体等地方机构设立的，如"大阪府立大学（おおさかふりつだいがく）"。私立大学相当于中国的民办大学，如著名的"早稲田大学（わせだだいがく）"等。不过，中国的民办大学还处在发展阶段，而日本的私立大学已经有了近百年的发展历史，且其数目已经远远超过了国立和公立大学。

日本大学的学制与中国相同，均为四年制。除了四年制大学外，还有"短期大学（たんきだいがく）"，一般简称为"短大（たんだい）"，相当于中国的大专，学制为两年。四年制大学 和"短大"的升学率加在一起超过了50%，这在世界上是居于前列的。

大学中设置有"大学院（だいがくいん）"，包括硕士课程和博士课程，即中国的研究生院。需要注意的是，日语中的"研究生（けんきゅうせい）"这个词是指进修生的意思，我们汉语中的"研究生"在日语中叫做"大学院生"。日本的硕士课程一般为两年，也有些学科是两年以上。外国留学生在进入硕士课程前，作为过渡，普遍要先上一年左右的"研究生"。

日本的大学一般没有学生宿舍，学生们要在学校附近租房居住或住在自己家中。但仍会有诸如"女子寮（じょしりょう）"、"留学生会館（りゅうがくせいかいかん）"等设施，供有特殊情况的学生或留学生申请居住。

第12课　万里の長城は北京の北にあります

学习目标：表达自己的愿望，叙述人或事物的存在。

学习重点：

① 今週も日本語コーナーへ行きたいです。
② 李さんはデパートへ買い物に行きます。
③ 何時にどこで会いましょうか。
④ 万里の長城は北京にあります。
　／今、私は寮にいます。
　／私の机の上には、本や雑誌などがあります。
　／そこには、日本語学科の学生がおおぜいいました。

第12课

◇ 会話

張：もしもし、張です。李さん、今週も日本語コーナーに行きませんか。

李：すみません、今週はちょっと。デパートへ買い物に行きますから。

張：そうですか。分かりました。じゃあ、また。（挂断电话，又打给王亮）もしもし、王さん、私、張です。今週も日本語コーナーに行きたいですが、一緒に行きませんか。

王：ええ、行きましょう。李さんも行きますか。

張：李さんはデパートへ買い物に行きますから、二人で行きましょう。

王：いいですよ。何時にどこで会いましょうか。

張：そうですね。6時55分に外国語学部の建物の前で会いませんか。

王：6時55分に外国語学部の前ですね。分かりました。じゃ、金曜日にまた。

（周五晚，日语角）

張、王：上野先生、こんばんは。

上野：こんばんは。二人はよく日本語コーナーへ来ますね。

王：ええ、時々。あのう、上野先生は中国が好きですか。

上野：ええ。中国の北から南へ、東から西へ、いろいろなところへ旅行に行きましたよ。

張：そうですか。私は先月の休みに、万里の長城に行きました。

上野：万里の長城は北京の北にありますね。私もおととし登りました。雨の中でしたが、とてもきれいでしたよ。

王：いいですね。私も旅行に行きたいですね。……

本文

張さんの日記

11月27日（金）　曇り

　今、私は寮にいます。6人部屋ですから、寮にはベッドも机もいすも6つあります。私の机の上には、本や雑誌などがあります。それから、ボールペンが2本、写真が1枚、コップが1個とコンピューターが1台あります。今日から、私はインターネットで日記を書きます。

　夜7時ごろ、私は王さんと日本語コーナーに行きました。そこにはもう日本語学科の学生がおおぜいいました。日本人の先生もいました。私たちは、上野先生や三、四人の学生といろいろ話しました。たいへん楽しかったです。

　日本語コーナーはとてもいいところです。私たちはよく日本語の練習に行きます。これからも行きたいです。

単語

もしもし①	（感）	喂
今週（こんしゅう）⓪	（名）	这周
コーナー（corner）①	（名）	角落
デパート（department store 的略写）②	（名）	百货商场
買い物（かいもの）⓪	（名・自動3）	买的东西；买东西
あう（会う）①	（自動1）	见面，碰见
北（きた）⓪②	（名）	北，北方
南（みなみ）⓪	（名）	南，南方
東（ひがし）⓪③	（名）	东，东方
西（にし）⓪	（名）	西，西方
いろいろ（色々）⓪	（副・形動）	各种各样
ところ（所）⓪	（名）	地方，地点

第12课

旅行（りょこう）⓪	（名・自动3）	旅行，旅游
先月（せんげつ）①	（名）	上个月
万里の長城（ばんりのちょうじょう）①-③	（专名）	万里长城
ある（有る／在る）①	（自动1）	有，存在
おととし（一昨年）②	（名）	前年
登る（のぼる）⓪	（自动1）	登，爬，攀
雨（あめ）①	（名）	雨，下雨
曇り（くもり）③	（名）	阴天，多云
いる（居る）⓪	（自动2）	在；有
ベッド（bed）①	（名）	床
机（つくえ）⓪	（名）	桌子，书桌
いす（椅子）⓪	（名）	椅子
上（うえ）⓪	（名）	上，上面
ボールペン（ball pen）⓪	（名）	圆珠笔
書く（かく）①	（他动2）	写
おおぜい（大勢）③	（名・副）	很多（人）
話す（はなす）②	（他动1）	说，讲；谈话
練習（れんしゅう）⓪	（名・他动3）	练习；训练

✧ 文法・文型の解説

1. ～は～たいです

动词谓语句中的"ます"变为"たい"，构成形容词谓语句，表示第一人称的愿望。"たい"接在他动词后时，表示宾语的助词"を"多改为"が"。例如：

（1）張：今晩、映画を見ますか。
　　　李：はい、見たいです。
（2）ネットカフェへ行きたくないです。
（3）私は携帯電話が買いたいです。

2. ～へ～に行きます

该句型表示移动目的，意为"去某地做某事"。"へ"表示移动的方向，也可用表示

目的地的"に"代替；"に" 接在动作性名词后或直接替代动词的"ます"形式，表示移动的目的；句末的动词除"行く"外，也可替换为"来る、帰る"等其他表示移动的动词。例如：

（1）李さんはデパートへ買い物に行きます。
（2）毎日、教室へ勉強に行きます。／教室へ勉強しに行きます。
（3）図書館へ本を借りに来ました。

3. で

助词"で"接在地点名词之后，构成地点状语，表示动作、行为进行的场所。例如：

（1）何時にどこで会いましょうか。
（2）昨日、映画館で映画を見ました。
（3）鈴木さんはスーパーでアルバイトをします。

4. ～に（は）～ があります／います

这个句型是存在句，表示在某处有某物或某人、某个动物。"に"表示存在的地点、场所，如果要强调这一部分，可以后接助词"は"。"が"表示存在的主体。当"～が"部分为不能自主移动的物体时，后面的动词用"ある"，而有生命的人或动物的存在则用"いる"。例如：

（1）寮にはベッドや机があります。
（2）机の下に猫がいます。
（3）教室に学生がおおぜいいます。

5. ～は～にあります／います

这个句型表示某物或某人、某个动物在某处。存在动词"ある"、"いる"也可以替换为"です"。例如：

（1）万里の長城は北京の北にあります。
（2）私は寮にいます。
（3）犬は庭にいます。
（4）王さんはいま、ネットカフェです。

6. ～や～など

助词"や"用于列举两个或两个以上的事物，"など"意为"等等、之类"，二者常搭配使用，也可单独使用，可译为"～呀～等"。同样是列举，"と"一般为全部列举，而"～や～など"则表示有代表性的部分列举。例如：

（1）いすの上に本や雑誌などがあります。
（2）机の上にリンゴなどの果物があります。
（3）教室に王さんや李さんがいます。（除小王和小李外，还有别人。）
　　／教室に王さんと李さんがいます。（只有小王和小李。）

◇ 語彙・表現の解説

1. 词缀

本课中出现了几个词缀，具体用法如下表。

词缀	种类	意义	例词
～本（ほん）	后缀	～枝，～根，～瓶	1本のボールペン／タバコ／お酒
～枚（まい）	后缀	～张，～片，～件	1枚の紙／切手／写真
～個（こ）	后缀	～个，～块	1個の卵／リンゴ／コップ
～台（だい）	后缀	～辆,～台，～架	1台の車／テレビ／カメラ

同汉语一样，表示事物的数量时，需要用到量词。日语的量词和汉语不尽相同，需要注意。例如，细长形状的物品一般用"～本"，薄的、扁平的物品用"～枚"，交通工具、机器、器具等一般用"～台"，块状的东西用"～個"，与"～個"相近的还有"ひとつ"等。但又不乏例外，需要一一记忆。具体说法如下表。

	～本	～枚	～台	～個	～つ
1	いっぽん	いちまい	いちだい	いっこ	ひとつ
2	にほん	にまい	にだい	にこ	ふたつ
3	さんぼん	さんまい	さんだい	さんこ	みっつ
4	よんほん	よんまい	よんだい	よんこ	よっつ
5	ごほん	ごまい	ごだい	ごこ	いつつ
6	ろっぽん	ろくまい	ろくだい	ろっこ	むっつ
7	ななほん	ななまい	ななだい	ななこ	ななつ
8	はっぽん	はちまい	はちだい	はっこ	やっつ
9	きゅうほん	きゅうまい	きゅうだい	きゅうこ	ここのつ
10	じ(ゅ)っぽん	じゅうまい	じゅうだい	じ(ゅ)っこ	とお

另外，日语数量词在句子中的位置也需要注意。数量词可以接"の"修饰名词，但多用于助词和动词之间，直接修饰动词。例如：

（1）5個の卵が必要（ひつよう，需要）です。

（2）テレビを1台買いました。

（3）すみません、切手を3枚ください。

2. もしもし

打电话时引起对方注意的习惯用语，相当于汉语的"喂"。

3. 今週はちょっと

这是比较典型的日本式拒绝说法。日本人不太喜欢把话说得太直白，尤其是拒绝别人时。可译为"这周有点……"。

4. "おおぜい"和"たくさん"

"おおぜい"和"たくさん"都可接"の"修饰名词，也可用作副词直接修饰动词。不同的是，前者一般只用于"人多"，而后者则不受限制。例如：

（1）デパートにおおぜいの人がいます。／デパートに人がおおぜいいます。
（2）大学にはたくさんの学生がいます。／大学には学生がたくさんいます。
（3）中国にはたくさんの山があります。／中国には山がたくさんあります。

5. いろいろ

"いろいろ"是形容动词，但词干可以直接作副词。作副词修饰动词时，后面也可接"と"。例如：

（1）私はいろいろなところへ行きました。
（2）上野先生といろいろ話しました。
（3）いろいろとありがとうございました。

✧ 練習用単語
れんしゅうようたんご

手紙（てがみ）⓪	（名）	信，书信
出す（だす）①	（他动1）	寄出；提交；提出
取る（とる）①	（他动1）	取；拿；领取
借りる（かりる）⓪	（他动2）	借，租
冷蔵庫（れいぞうこ）③	（名）	电冰箱
本棚（ほんだな）①	（名）	书架
台所（だいどころ）⓪	（名）	厨房
後ろ（うしろ）⓪	（名）	后面，背后
猫（ねこ）①	（名）	猫
庭（にわ）⓪	（名）	院子，庭园
犬（いぬ）②	（名）	狗
切手（きって）⓪	（名）	邮票

練習問題

一、从下列①、②、③、④中选出一个正确的读音。

（1）買い物（　　）
　①　ばいぶつ　　②　ばいもの　　③　かいぶつ　　④　かいもの

（2）話す（　　）
　①　はなす　　②　はのす　　③　ほなす　　④　けなす

（3）登る（　　）
　①　なぼる　　②　のぼる　　③　にげる　　④　ねぼる

（4）練習（　　）
　①　れんしゅう　②　れんじゅう　③　くんしゅう　④　ねんじゅう

二、写出划线部分假名的汉字。

（1）私はせんげつのやすみに、ばんりのちょうじょうに行きました。

（2）私はおとといし登りました。あめの中でしたが、とてもきれいでした。

（3）今日から、私はインターネットでにっきをかきます。

（4）中国のきたからみなみへ、ひがしからにしへ、いろいろなところへりょこうに行きました。

三、用适当的助词填空。

（1）李さんはデパート（　　）買い物（　　）行きます。

（2）寮（　　）ベッド（　　）机など（　　）あります。

（3）万里の長城（　　）北京の北（　　）あります。

（4）何時（　　）どこ（　　）会いますか。

四、仿照例句替换划线部分，进行练习。

（1）例　私は日本語コーナーで日本語が勉強したいです。
　　①　レストラン　　　　　お寿司を食べる
　　②　映画館　　　　　　　アニメを見る

・112・

③ ネットカフェ　　　　　友達とチャットする
④ 公園　　　　　　　　　遊ぶ

(2) 例　李さんはデパートへ買い物に行きます。
① 張さん　　　　　　　郵便局　　　　　　　手紙を出す
② 王さん　　　　　　　寮　　　　　　　　　かばんを取る
③ 先生　　　　　　　　図書館　　　　　　　本を借りる
④ 私　　　　　　　　　公園　　　　　　　　散歩

(3) 例　寮にはベッドが1つあります。
① 冷蔵庫の中　　　　　卵　　　　　　　　　10個
② 部屋　　　　　　　　本棚　　　　　　　　1つ
③ 台所　　　　　　　　冷蔵庫　　　　　　　1台
④ 1階　　　　　　　　　トイレ　　　　　　　2つ

(4) 例　そこに学生がいます。
① 事務室　　　　　　　先生
② 教室　　　　　　　　学生
③ 本棚の後ろ　　　　　猫
④ 庭　　　　　　　　　犬

(5) 例　万里の長城は北京の北にあります。
① 携帯　　　　　　　　かばんの中
② 電話　　　　　　　　机の上
③ 部屋　　　　　　　　3階
④ 郵便局　　　　　　　銀行の隣

(6) 例　私は寮にいます。
① 猫　　　　　　　　　ベッドの下
② 犬　　　　　　　　　部屋の中
③ 王さん　　　　　　　図書館
④ 楊さん　　　　　　　食堂

五、将下列汉语翻译成日语。

(1) 电脑在桌子上。
(2) 院子里有猫和狗。
(3) 我们5点在邮局前见面吧。
(4) 我想去电影院看电影。

六、仿照例句替换划线部分，进行口语练习。

（1）例　A：(a) 王さん、(b) 日曜日、何をしましたか。
　　　　　B：(c) スーパーへ(d) 買い物に行きました。
　　　　　A：そうですか。私も(d) 買い物したいです。

① a 鈴木さん　　　b 昨日　　　　c 映画館　　　d 映画を見
② a 張さん　　　　b 夏休み　　　c 北京　　　　d 旅行
③ a 李さん　　　　b おととい　　c 図書館　　　d 本を借り

（2）例　A：すみません。(a) リンゴはどこにありますか。
　　　　　B：(a) リンゴですか。こちらです。
　　　　　A：じゃ、その (a) リンゴを (b) 3つください。
　　　　　B：はい。ありがとうございます。

① a ボールペン　　b 3本
② a 切手　　　　　b 2枚
③ a 卵　　　　　　b 10個

 コラム

古都京都

　　日本的地方行政区域被划分为"都道府県（とどうふけん）"四种，共有"1都1道2府43県"。其中"府"为"京都府（きょうとふ）"和"大阪府（おおさかふ）"。"京都市"相当于"京都府"的省会，我们通常所说的京都指的是整个"京都府"。

　　公元794年桓武天皇迁都至此，称其为"平安京（へいあんきょう）"。自794年至1869年，京都一直是日本的首都，特别是在平安、室町时代，是日本的政治、经济、文化中心。在一千多年的漫长历史中，虽然屡经战乱和火灾，京都仍然较完整地保存着大量的文化遗产。1994年，京都历史建筑群被联合国教科文组织认定为世界文化遗产，叫做"古都京都の文化財（ことらきょうとのぶんかざい）"。这些文化遗产包括神社、寺院等，多达17处。"金閣寺（きんかくじ）"是其中之一，正式名称为"鹿苑寺（ろくおんじ）"，因寺内一座叫做"金閣"的建筑而得名。"金閣"贴满了金箔，是室町时代楼阁建筑的重要代表。

　　另外,京都的"嵐山(あらしやま)"自古就是春天观赏樱花、秋日欣赏红叶的名胜景地。11月的第二个周日,是一年一度的岚山枫叶节(嵐山紅葉祭り、あらしやまもみじまつり)。那一天,大堰川(桂川、かつらがわ)的渡月桥附近,五颜六色的船只漂浮在河面,成为一个个流动的舞台,向游客们表演各种传统曲艺和歌舞的同时,展示京都丰富多彩的历史文化。另外,岚山还因周总理的"雨中岚山"诗碑而深受中国游客的青睐。

第13课　今、日本語の宿題をしています

学习目标：描述连续的动作、持续的动作或状态。

学习重点：

① 今、図書館に本を借りに来ています。
② そっちへ行ってもいいですか。
③ 名前などを書いてはいけません。
④ 英語の本しか借りませんでした。

◆ 会話

（周日上午，张莉有一些日语问题不明白，给李玲发手机短信）

張：李さんは、今、何をしていますか。

李：今、図書館に本を借りに来ています。張さんは？

張：図書館は今日も開いていますか！いい天気ですから、私は洗濯をしました。今、洗濯が終わって、日本語の宿題をしています。李さんはあとどのくらいかかりますか。

李：あと20分ぐらいかかりますが、どうしましたか。

張：すみません、また日本語の質問です。そっちへ行ってもいいですか。

李：いいですよ。私もちょうど聞きたい言葉があります。じゃ、20分後に図書館の玄関で会いましょう。（张莉和李玲碰面，看李玲手里拿着不少书，张莉说道）

張：李さん、たくさん持っていますね。どんな本を借りましたか。

李：試験まであと2週間ですから、英語の本しか借りませんでした。

（两人在外面的长凳上坐下，张莉为李玲加油，并请教问题。结束后，开始聊天。）

張：李さんはよくネットで勉強しますね。私もそうしたいです。だから、先週から日本語のブログを書きました。でも、まだ2回しか書いていません。

李：そうですか。それを読んで、コメントを書いてもいいですか。

張：いいですが、名前などを書いてはいけませんよ。危ないですから。

李：はい、分かっています。私も気を付けています。

張：ブログのほかに、どんな使い方がありますか。

李：いろいろありますよ。じゃ、こうしましょう。英語の試験の後、王さんも呼んで、ネットカフェで教えましょうか。

張：いいですね。ぜひお願いしたいです。

✧ 本文

張さんは日本語を勉強して、もう4か月ぐらいです。日本語が大好きですから、張さんは楽しく勉強しています。いつも朝早く起きて、歯を磨いて、顔を洗って出掛けます。食堂でパンと卵を食べて、牛乳を飲んで、また外に出て、大きい声で日本語を読みま

す。そして、よく質問もします。毎日の積み重ねで、張さんの日本語は日本語学科の一年生と同じぐらい上手です。

友達の李さんは、よくインターネットで日本語を勉強します。張さんもそうしたかったですから、先週から日本語のブログを書きました。英語の試験の後、李さんはインターネットの使い方を教えます。

日本語学科にこんな優しい友達がいて、本当に素晴らしいです。

◆ 単語

開く（あく）⓪	（自动1）	开；打开
天気（てんき）①	（名）	天气
洗濯（せんたく）⓪	（名・他动3）	洗；洗衣服
宿題（しゅくだい）⓪	（名）	作业
かかる（掛かる）②	（自动1）	花，费；挂；挂（电话）
質問（しつもん）⓪	（名・自动3）	问题；提问，询问
聞く（きく）⓪	（他动1）	听；问，打听
玄関（げんかん）①	（名）	正门，大门口
持つ（もつ）①	（他动1）	拿；拥有
先週（せんしゅう）⓪	（名）	上周
ブログ（blog）⓪	（名）	博客；网络日志
読む（よむ）①	（他动1）	读；看
コメント（comment）⓪①	（名・自动3）	评论，点评，解说
名前（なまえ）⓪	（名）	名字，名称
危ない（あぶない）⓪③	（形）	危险
気（き）⓪	（名）	心情；情绪；心理；性格
付ける（つける）②	（他动2）	注意；附上；着手；开（电器）
こう⓪①	（副）	这样，这么
呼ぶ（よぶ）⓪	（他动1）	叫，喊
教える（おしえる）⓪	（他动2）	教；告诉
ぜひ（是非）①	（副）	一定，务必
歯（は）①	（名）	牙，牙齿
磨く（みがく）⓪	（他动1）	刷；磨，擦；磨练
顔（かお）⓪	（名）	脸；容貌；表情
洗う（あらう）⓪	（他动1）	洗

パン（葡 pão）①	（名）	面包
牛乳（ぎゅうにゅう）⓪	（名）	牛奶
出る（でる）①	（自動 2）	出；出去；出现；出席
声（こえ）①	（名）	（人或动物）声音
すばらしい（素晴らしい）④	（形）	棒；非常好；精彩；了不起

◇ 文法・文型の解説

1. 动词的"て"形

动词的"て"形可以和很多表达接在一起，构成固定句型，也可在句中单独使用，表示各种不同的含义。日语动词中，除 1 类动词中有 8 个词尾要发生语音变化外，其他动词的"て"形变化与"ます"形相同。具体接续方法如下表。

	变 化	变 化 规 律	例 词	ま す	て
1 类	イ音便	词尾为「く」「ぐ」时 く→いて、ぐ→いで	書く 泳ぐ	書きます 泳ぎます	書いて 泳いで
	促音便	词尾为「う」「つ」「る」时 う、つ、る→って	歌う 待つ 帰る	歌います 待ちます 帰ります	歌って 待って 帰って
	拨音便	词尾为「ぬ」「ぶ」「む」时 ぬ、ぶ、む→んで	死ぬ 遊ぶ 読む	死にます 遊びます 読みます	死んで 遊んで 読んで
	无	词尾为「す」时，同「ます」	話す	話します	話して
2 类	无	同「ます」	寝る	寝ます	寝て
3 类	无	同「ます」	する	します	して
	无	同「ます」	来る	来ます	来て

1 类动词中，「行く」这个词要特别注意。按规则应发生イ音便，但实际上却发生促音便，变为「行って」。另外，词尾是"ぐ、ぬ、ぶ、む"时，"て"形发生浊音变化，变为"で"，也需注意。

2. ～は～て、（～は）～ます

动词的"て"形可以将两个或两个以上的动词连接在一起，有时单纯表示中顿、并列，有时表示这几个动作在时间上的先后顺序。例如：

（1）張さんは洗濯をして、王さんは宿題をしました。
（2）私はいつも朝起きて、歯を磨いて、顔を洗って、出かけます。

（3）王さんは家へ帰って、宿題をします。

3. ～ています

动词的"て"形后接"います"，大致可以表示以下三种含义：

1）表示某个动作、行为正在进行。例如：
（1）李さんは家でテレビを見ています。
（2）王さんは寮で宿題をしています。
（3）鈴木さんは何をしていますか。

2）表示某个动作结束后，其结果状态的持续。例如：
（1）李さんは図書館に本を借りに来ています。
（2）図書館は今日も開いています。
（3）李さん、たくさん持っていますね。

3）表示习惯性动作、反复进行的动作以及长期进行的某个动作。例如：
（1）私も気を付けています。
（2）私は毎日日本語を読んでいます。
（3）李さんは毎日ブログを書いています。

4. ～てもいいです

动词的"て"形后接"も"，再加上"いいです"，表示许可，允许某人做某事。用于疑问句时，表示征求对方的许可、批准，可译为："做～可以吗？"。
（1）そっちへ行ってもいいですか。
（2）日本語の質問をしてもいいですか。
（3）今日は早く帰ってもいいです。

5. ～てはいけません

动词的"て"形后接"は"，再加上"いけません"，表示禁止、不允许某人做某事，可译为"不能～，不准～"。句尾用"よ"可稍微缓和语气。
（1）名前などを書いてはいけませんよ。危ないですから。
（2）病院の中で、携帯電話を使ってはいけません。
（3）これを食べてはいけません。

6. ～しか～ません

助词"しか"与句末谓语的否定形式搭配，表示限定，可译为"只～、仅仅～"。"しか"在助词"が"和"を"的位置时，"が"和"を"可以省略。例如：
（1）英語の本しか借りませんでした。
（2）教室に学生しかいません。
（3）あれは日本にしかありません。

◇ 語彙・表現の解説

1. 词缀

本课中出现了几个词缀，具体用法如下表。

词　　缀	种类	意　义	例　词
～後（ご）	后缀	～之后	20分後、ログイン後、10年後
～週（しゅう）	后缀	～周	毎週、今週、2週間
～回（かい）	后缀	～回，～次	1回、3回、5回
～方（かた）	后缀	～方法	書き方、食べ方、使い方

其中，"～回"的具体说法如下表。

	～回		～回
1	いっかい	7	ななかい・しちかい
2	にかい	8	はっかい
3	さんかい	9	きゅうかい
4	よんかい	10	じゅっかい・じっかい
5	ごかい	11	じゅういっかい
6	ろっかい	何	なんかい

另外，后缀"～方"接动词后，直接代换掉"ます"即可，表示"～的方法"。

2. かかる

"かかる"有多种用法，本课中出现的是"花费"的意思。"かかる"既可用于花费时间，又可用于花费金钱。例如：

（1）東京から京都まで新幹線で何時間かかりますか。
（2）東京から京都まで新幹線でいくらぐらいかかりますか。

3. どうしましたか

日常用语，意为"怎么啦？怎么了？"，可用于很多场合。

4. 玄関

日本的家庭进入家门是"玄関"。"玄関"处一般用地砖铺成，低于室内二、三十公分，室外用鞋子都脱在"玄関"或"玄関"的鞋柜里。该词还可用于图书馆等其他建筑物的大门或入口处。

5. あと

表示"还有,还剩"的意思。常用"～まであと～です"或"あと～で～です"的形式表示"距离～还有～"或"再有～就是～了"。除表示时间的词,也可以接其他数量词。例如:

(1) 冬休みまであと1か月です。／あと1か月で冬休みです。
(2) あと3人で500人です。

6. 張さんもそうしたかったです

"たい"表示第一人称的愿望,但过去式"たかった"以及其他变通形式也可以用于第三人称。

✧ 練習用単語

ドア（door）①	（名）	门
開ける（あける）⓪	（他动2）	开,打开
入る（はいる）①	（自动1）	进;进入;放入;加入
手（て）①	（名）	手;胳膊
風呂（ふろ）②①	（名）	澡盆,浴池
待つ（まつ）①	（他动1）	等,等候
降る（ふる）①	（自动1）	下（雨、雪等）
死ぬ（しぬ）⓪	（自动1）	死
窓（まど）①	（名）	窗户
閉める（しめる）②	（他动2）	关闭;打烊;停业
泳ぐ（およぐ）②	（自动1）	游泳
撮る（とる）①	（他动1）	照相,摄影

練習問題

一、从下列①、②、③、④中选出一个正确的读音。

(1) 質問（　　）
　　① しちめん　　② しつめん　　③ しつもん　　④ しちもん

（2）玄関（　　　）
　　① げんかん　　② げんがん　　③ けんがん　　④ けんかん
（3）名前（　　　）
　　① めいぜん　　② めいまえ　　③ なぜん　　　④ なまえ
（4）牛乳（　　　）
　　① ぎょうにょう　② ぎゅうにゅう　③ きゅうにゅう　④ ぎゅうにょう

二、写出划线部分假名的汉字。

（1）<u>せんたく</u>が終わって、いま<u>しゅくだい</u>をしています。
（2）いつも朝早く起きて、<u>は</u>を<u>みがいて</u>、<u>かお</u>を<u>あらって</u>、出掛けます。
（3）日本語学科にこんな<u>やさしい</u>友達がいて、本当に<u>すばらしい</u>です。
（4）<u>なまえ</u>などを書いてはいけませんよ。<u>あぶない</u>ですから。

三、用适当的助词填空。

（1）今、図書館（　　　）本（　　　）借り（　　　）来ています。
（2）私は英語の本（　　　）（　　　）借りませんでした。
（3）日本語の質問（　　　）して（　　　）いいですか。
（4）この部屋（　　　）入って（　　　）いけません。

四、仿照例句替换划线部分，进行练习。

（1）例　<u>ブログを読んで</u>、<u>コメントを書きます</u>。
　　① 宿題をする　　　　映画を見る
　　② ドアを開ける　　　中に入る
　　③ 手を洗う　　　　　ご飯を食べる
　　④ お風呂に入る　　　寝る
（2）例　今、<u>図書館</u>で<u>勉強</u>を<u>しています</u>。／<u>子供</u>が<u>遊んでいます</u>。
　　① 映画館　　　　映画　　　　　見る
　　② 駅　　　　　　友達　　　　　待つ
　　③ 　　　　　　　妹　　　　　　寝る
　　④ 　　　　　　　雨　　　　　　降る
（3）例　<u>私</u>は、<u>図書館</u>に<u>来ています</u>。／<u>図書館</u>が<u>開いています</u>。
　　① 李さん　　　　アメリカ　　　行く
　　② 牛乳　　　　　冷蔵庫　　　　入る

③ 授業　　　　　　　　　　始まる
④ 猫　　　　　　　　　　　死ぬ

(4) 例　私も、気を付けています。
① 楊さん　　　　　日本語　　　勉強する
② 張先生　　　　　英語　　　　教える
③ 王さん　　　　　ブログ　　　書く
④ 鈴木さん　　　　アルバイト　する

(5) 例　質問をしてもいいですか。
① 煙草　　　　　　吸う
② お酒　　　　　　飲む
③ 授業　　　　　　休む
④ 窓　　　　　　　閉める

(6) 例　名前などを書いてはいけません。
① これ　　　　　　　　　食べる
② 会社　　　　　　　　　休む
③ インターネット　　　　する
④ 携帯　　　　　　　　　使う

(7) 例　英語の本しか借りません。
① 2時間　　　　　　かかる
② 1つ　　　　　　　食べる
③ 5人　　　　　　　いる
④ 500円　　　　　　ある

五、将下列汉语翻译成日语。

(1) 请问，我可以在这里抽烟吗？
(2) 今天早上，我吃完早饭后去了教室。
(3) 小李他们正在食堂吃饭。
(4) 上课时，不能使用手机。
(5) 早上我只吃了鸡蛋。

六、仿照例句替换划线部分，进行口语练习。

(1) 例　A：(a) 李さん、今、何をしていますか。
　　　　B：(b) 雑誌を読んでいます。

A：そのあと、何をしますか。

　　　B：（c）買い物をして、（d）家に帰ります。

① a 鈴木さん　b 宿題をして　　c ご飯を食べて　　d バイトに行き
② a 王さん　　b 勉強して　　　c メールを書いて　d チャットをし
③ a 楊さん　　b テレビを見て　c お風呂に入って　d 寝

（2）例　A：すみませんが、ここで（a）煙草を吸ってもいいですか。

　　　B1：ええ、いいですよ。どうぞ。

　　　B2：いいえ、（b）吸ってはいけません。

① a 泳いで　　　　　　　b 泳いで
② a 写真を撮って　　　　b 撮って
③ a 辞書を使って　　　　b 使って

 コラム

旋转的"寿司"

说到日本的"食文化（しょくぶんか）"，就不能不提"寿司（すし）"。

寿司的历史要追溯到 1 200 多年前，是由东南亚途径中国传到日本的。最古老的寿司是将捕到的鱼放入盐中腌制，两三个月后再放入米饭中，存放大约一年后只吃鱼而不吃米饭。至今，在日本的滋贺县仍然保留有这种寿司。

而现在的寿司是日本人在江户时代所发明的，其最大的特点是鱼和米饭一起吃。根据做法的不同，寿司又可分为"押し寿司（おしずし）"、"にぎり寿司"、"まき寿司"、"いなり寿司"等很多种类。

在日本，吃寿司有个经济实惠的好去处，就是"回転寿司（かいてんずし）"。它最早出现在大阪，现在已经不仅仅是日本，包括中国在内的很多国家都能看到"回転寿司"的店铺。在"回転寿司"店里，装有传送带，传送带上放着装有各种寿司的碟子，围绕着店内不停的转动，客人只需取下碟子即可。不同颜色的碟子价格不同，在 100 日元至 500 日元之间不等。

如今，寿司已经"旋转"到了越来越多的国家。无论是在亚洲、还是在欧洲，不同肤色不同语言的人们都能品尝到它。在中国，还有不少家庭购买食材和工具，开始尝试在家里自己动手做寿司了。

第14课　よく見てください

学习目标：叙述动作的先后、请求别人做某事、尝试做某事。

学习重点：
① 王さんが来てから、始めましょう。
② よく見てくださいね。
③ あとでやってみます。
④ それをノートに書いて、覚えたいです。
⑤ 李さんは二人に日本人の友達の作り方を教えています。

会話

（李玲来到约好的网吧，见王亮还没有到。）

李：張さん、王さんが来てから、始めましょう。（过了一会儿，王亮还没来）

張：王さんに電話を掛けましょうか。あ、来ました！

王（气喘吁吁）：また遅れて、すみません。ちょっと風邪を引きましたから、薬を買いに行きました。

李、張：あ、王さんは病気ですか？！大丈夫ですか。

王：はい、大丈夫です。（一起走进网吧）

李：じゃ、私は張さんと王さんの間に座りますから、よく見てくださいね。

張、王：はい。いろいろ教えてください。お願いします。

李：はい。インターネットの使い方はいろいろありますよ。（打开搜索引擎，输入"日语资料"等关键词搜索）ほら、たくさんのページが出ましたね。

張、王：本当ですね。あとでやってみます。

李：それから、（打开日本网站）日本のサイトはもちろんぜんぶ日本語です。

王：やあ、日本語のは初めてですよ。李さん、ちょっと待って。それをノートに書いて、覚えたいです。（看王亮抄好网址，李玲用鼠标指"新闻"等按钮）

李：こちらに日本の新聞はありませんが、ネットニュースはとても便利ですよ。あ、日本語でチャットもしてみてください。日本人のネット友達ができますよ。

張：日本人のネット友達ですか。ほしいですね。

王：鈴木さんは李さんのネット友達ですね。いつごろできましたか。

李：はい。大体2か月前です。

王：そうですか。私も日本人のネット友達を作ってみたいですね。

李：じゃ、あとで鈴木さんに頼んでみます。自分でもぜひやってみてください。

王、張：はい。どうも。

◆ 本文

　張さんと王さんは日本語を勉強しています。しかし、大学には日本人の先生や留学生があまりいませんから、たいへん困っています。今、李さんはネットカフェで、二人に日本人の友達の作り方などを教えています。

　李さんは、夏休みに暇がありましたから、日本のサイトで「ブログ」ボタンを押しました。鈴木さんのブログが面白かったですから、とても好きでした。初めは静かに読んでいましたが、大体2か月前からコメントを書きました。鈴木さんがそのコメントに答えてから、二人はだんだんメールやチャットも始めました。今はとてもいい友達です。しかし、インターネットはちょっと危ないですから、李さんは気を付けています。

　李さんの話を聞いて、張さんと王さんは少し安心しました。

◆ 単語

始める（はじめる）⓪	（他动2）	开始
掛ける（かける）②	（他动2）	打（电话）；挂
遅れる（おくれる）⓪	（自动2）	迟到；落后
風邪（かぜ）⓪	（名）	感冒
ひく（引く）⓪	（他动1）	拉；拽；引起；查找
薬（くすり）⓪	（名）	药
病気（びょうき）⓪	（名）	生病，病
間（あいだ）⓪	（名）	之间；中间
座る（すわる）⓪	（自动1）	坐
ページ（page）⓪	（名）	页码；网页简称
やる（遣る）⓪	（他动1）	做，干
サイト（site）①	（名）	网站
初めて（はじめて）②	（副）	初次
ノート（note）①	（名）	笔记本
覚える（おぼえる）③	（他动2）	记住
新聞（しんぶん）⓪	（名）	报纸

できる（出来る）②	（自动2）	形成，产生；能，会
作る（つくる）②	（他动1）	制造；做；制定；交（友）
頼む（たのむ）②	（自动1）	拜托；依靠
自分（じぶん）⓪	（名）	自己
どうも①	（副）	实在,太……了
困る（こまる）②	（自动1）	为难；难办
暇（ひま）⓪	（名·形动）	闲暇，空闲
ボタン（葡 botão）⓪	（名）	按钮；钮扣
おす（押す）⓪	（他动1）	推，挤；按
初め（はじめ）⓪	（名）	开端，起初
こたえる（答える）③	（自动2）	回答，答复
だんだん（段々）③⓪	（副）	逐渐，渐渐
話（はなし）③	（名）	话；话题；故事
安心（あんしん）⓪	（名·形动·自动3）	放心，安心

✧ 文法・文型の解説

1. 〜てから、〜ます

动词的"て"形后接"から"，表示两个动作相继发生，即完成某个动作后，再做另一个动作。可译为"〜之后〜，〜以后，再〜"。例如：

（1）王さんが来てから、始めましょう。
（2）毎朝、歯を磨いてから朝ご飯を食べます。
（3）鈴木さんはいつも授業が終わってから、アルバイトに行きます。

2. 〜てください

在第9课我们学过了"〜をください。"，意思为"请给我〜，请帮我拿〜"。在本课中，"ください"接在动词的"て"形后，表示请求或要求对方做某事，可译为"请〜"。用于熟悉的朋友之间或紧急情况时，也可省略"ください"。例如：

（1）李さん、ちょっと待って。
（2）大きい声で読んでください。
（3）窓を開けてください。

3. ～てみます

动词的"て"形后接"みる"的各种形式，表示尝试做某事，可译为"试着～，做～看看"。例如：

（1）あとでやってみます。
（2）これはおいしいですから、食べてみてください。
（3）日本語でブログを書いてみたいです。

4. に

本课中出现的"に"有两种用法。

1）附着点

助词"に"与"書く""入れる"等含有附着意义的动词搭配使用时，表示动作结果的附着点。

（1）李さん、ちょっと待って。ノートに書きますから。
（2）本をかばんの中に入れてください。
（3）ここに名前を書いてください。

2）动作的对象

（1）二人に日本人の友達の作り方などを紹介しています。
（2）張さんにメールを送ります。
（3）お母さんに手紙を書きます。

語彙・表現の解説

1. "友達ができる"和"友達を作る"

动词"できる"和"作る"的意思都很多。本课的"友達ができる"可译为"交到朋友"，而"友達を作る"为"交朋友"。

2. どうも

寒暄语，用于强调感谢或者道歉，是"どうもありがとうございます"或"どうもすみません"的省略形式。例如：

（1）また遅れて、どうもすみません。（又迟到了，非常抱歉）
（2）A：お茶をどうぞ。
　　　B：あ、どうも。

3. その

连体词"その"一般指距离听话人近的人或事物，除此之外，还可以用来指示前文

或刚才的谈话中涉及的、只有一方了解的人或事物。如果是双方都了解的人或事物，则一般用"あの"。其他同类的"こそあど"系列词汇也具有这个特点。例如：

（1）大体2か月前からコメントを書きました。鈴木さんがそのコメントに答えてから、二人はだんだんメールやチャットも始めました。

（2）昨日は私たちの相互学習でした。その相互学習はとても面白かったです。

（3）A：日本語の先生は優しいですね。

　　　B：そうですね。あの先生はとてもいい先生ですね。

✧ 練習用単語

シャワー（shower）①	（名）	淋浴
浴びる（あびる）⓪	（他动2）	淋浴，沐浴
立つ（たつ）①	（自动1）	站，立
歩く（あるく）②	（自动1）	走；步行
コート（coat）①	（名）	外套，大衣
着る（きる）⓪	（他动2）	穿
乗る（のる）⓪	（自动1）	乘，坐，搭，骑
入れる（いれる）⓪	（他动2）	装入，放入；加入；插入
置く（おく）⓪	（他动1）	放，放置
山（やま）②	（名）	山，山脉
切符（きっぷ）⓪	（名）	票，车票
番号（ばんごう）③	（名）	号码

練習問題

一、从下列①、②、③、④中选出一个正确的读音。

（1）風邪（　　）

　　① ふうじゃ　　② がぜ　　③ があぜ　　④ かぜ

（2）頼む（　　）

　　① よむ　　② やすむ　　③ たのむ　　④ のむ

（3）困る（　　）

①　こまる　　②　わかる　　③　かまる　　④　かわる
（4）作る（　　）
①　さくる　　②　つくる　　③　そうる　　④　ぞうる

二、写出划线部分假名的汉字。

（1）<u>けさ</u>、ちょっと<u>かぜ</u>を<u>ひ</u>きましたから、<u>くすり</u>を買いに行きました。
（2）私は張さんと王さんの<u>あいだ</u>に<u>すわ</u>りますから、よく見てください。
（3）後で鈴木さんに<u>たの</u>んでみます。<u>じぶん</u>でもぜひやってみてください。
（4）李さんの<u>はなし</u>を聞いて、<u>あんしん</u>しました。

三、用适当的助词填空。

（1）先生が来て（　　）（　　）、始めましょう。
（2）本（　　）かばんの中（　　）入れました。
（3）鈴木さん（　　）頼んでみます。
（4）インターネットはちょっと危ないです（　　）（　　）、私は気（　　）付けています。

四、仿照例句替换划线部分，进行练习。

（1）例　<u>王さんが来て</u>から、<u>始めましょう</u>。
　　　①　よく聞く　　　　　　　答える
　　　②　授業が終わる　　　　　ご飯を食べる
　　　③　北京に着く　　　　　　電話する
　　　④　シャワーを浴びる　　　寝る
（2）例　どうぞ<u>教室に来て</u>ください。
　　　①　立つ
　　　②　ボタンを押す
　　　③　教室まで歩く
　　　④　コートを着る
（3）例　<u>写真を撮って</u>みます。
　　　①　お寿司を作る
　　　②　新幹線に乗る
　　　③　日本語の新聞を読む
　　　④　日本語を話す
（4）例　<u>本</u>を<u>かばんの中</u>に<u>入れ</u>ました。／<u>いす</u>に<u>座って</u>ください。
　　　①　今日のこと　　　　　日記　　　　　　書く

②　かばん　　　　　机の上　　　　　置く
③　　　　　　　　　バス　　　　　　乗る
④　　　　　　　　　山　　　　　　　登る
(5) 例　私は鈴木さんにメールを送りました。／張さんは会社に遅れました。
①　李さん　　　　お母さん　　　　電話　　　　掛ける
②　楊さん　　　　友達　　　　　　手紙　　　　書く
③　王さん　　　　彼の質問　　　　　　　　　　答える
④　私　　　　　　李さん　　　　　　　　　　　会う

五、将下列汉语翻译成日语。

(1) 吃完饭后再出去吧？
(2) 请来办公室一下。
(3) 我试着用日语和日本人说话。
(4) 铃木把新相机放进了包里。
(5) 今天早上,我给妈妈打了电话。

六、仿照例句替换划线部分,进行口语练习。

(1) 例　A：(a) 質問をよく読んでから、(b) 答えてください。
　　　　B：はい、(c) 読んでみます。
①　a これを洗って　　b 食べて　　　　c 洗って
②　a 切符を買って　　b 乗って　　　　c 買って
③　a ログインして　　b 使って　　　　c ログインして
(2) 例　A：すみません、(a) お名前と電話番号を (b) ここに (c) 書いてください。
　　　　B：(a) 名前と電話番号を (b) ここに、ですね。分かりました。
①　a これとこれ　　　b 部屋　　　　　c 置いて
②　a 牛乳と砂糖　　　b コーヒー　　　c 入れて
③　a 銀行と郵便局　　b 写真　　　　　c 撮って

常用网络词汇

网络的发展,给我们学习外语带来了很多方便。下面是一些常用网络用语,请大家

利用网络资源学习日语吧！

ネットカフェ④	网吧	お気に入り⓪	收藏夹
インタネット⑤	网络	ウェブサイト③	网站
ホームページ④	网页，首页，主页		
リンク①	链接	サーチエンジン④	搜索引擎
キーワード③	关键词	入力（する）⓪	输入
検索する⓪	搜索	クリック（する）②	点击
ネットサーフィン④	网上冲浪	メッセンジャー③	即时聊天工具
チャット①⓪	网聊	ビデオチャット④	视频聊天
ボイスチャット④／音声チャット⑤			语音聊天
ID（アイディー）③	账号	パスワード③	密码
ログイン③	登录	オンライン③	联机、在线
オフライン③	脱机	ブログ⓪	博客
コメント⓪①	评论	電子メール④	电子邮件
メールアドレス④	邮件地址	添付ファイル④	附件
ファイル①	文件	フォルダー①	文件夹
アップロード	上传	ダウンロード	下载
USBメモリー⑦	U盘	フラッシュメモリー⑤	闪存

第十四课

第15课　誕生日プレゼントをもらいました

学习目标：描述人与人之间互赠礼物。
学习重点：
① 一緒にどこかで、李さんにお誕生日パーティーをしませんか。
② 王さんは、李さんにどんなプレゼントをあげますか。
③ このことを誰にも言いませんでした。
④ すばらしいプレゼントをたくさんもらいました。
⑤ お父さんとお母さんは、MP4をくれました。

◇ 会話

王：張さん、こんにちは。
張：あ、王さん、今日は風が冷たくて強いですね。お体はもう大丈夫ですか。
王：ありがとう。もう大丈夫です。張さんもお体に気を付けてください。
張：はい、ありがとう。
王：来週の土曜日は李さんの誕生日ですが、張さんは知っていますか。
張：そうですか。知りませんでした。
王：一緒にどこかで、李さんにお誕生日パーティーをしませんか。

張：いいですよ。どこがいいですか。

王：そこの喫茶店へ行きましょうか。

張：いいですね。王さんは、李さんにどんなプレゼントをあげますか。

王：まだ考え中です。

（周六晚，李玲来到咖啡屋）

王、張：李さん、お誕生日、おめでとう。はい、プレゼントをどうぞ！

李：あ、ありがとう！じゃ、開けますよ。（首先打开了张莉送的礼物）
あ、マフラー、きれいですね！ありがとう、張さん。

張：よかったです。じゃ、次、王さんのも開けてみて。

王：私は私たちの写真でDVDを作りました。MP4にも入れましたから、見て。

李：あ、本当ですね。音楽付きの写真は素晴らしいですね。今日は本当にうれしいです。王さん、張さん、ありがとう。

張：私にも見せて。あ、本当に素晴らしいですね。（看了一会儿）さあ、皆さん、プレゼントをテーブルの上に置いて、電気を消しましょう。（打开蛋糕，李许愿后）

李、張、王：いただきます。あ、ケーキ、甘くておいしいですね。

◇ 本文

誕生日パーティー

今日は、私の19歳の誕生日です。このことを誰にも言いませんでしたが、素晴らしいプレゼントをたくさんもらいました。

大学二年目に入ってから、何人か新しい友達ができました。張さんも王さんも鈴木さんもそうです。今晩、張さんと王さんは喫茶店で、私に誕生日パーティーをしました。そして、張さんからマフラーを、王さんからDVDをもらいました。鈴木さんもインターネットで誕生日カードをくれました。それから、私は前からMP4がほしかったですから、お父さんとお母さんは、MP4をくれました。ほかに、メールやメッセージもたくさんもらいました。

私のそばにこんな大切な家族や友達がいますから、とても暖かいです。みなさん、素晴らしいプレゼント、ありがとうございます。

◇ 単語

風（かぜ）⓪	（名）	风
冷たい（つめたい）⓪③	（形）	凉，冰冷；冷淡
強い（つよい）②	（形）	强；坚强；强壮
体（からだ）⓪	（名）	身体
来週（らいしゅう）⓪	（名）	下周
誕生日（たんじょうび）③	（名）	生日
知る（しる）⓪	（他动1）	知道；认识
プレゼント（present）②	（名）	礼物
あげる（上げる）⓪	（他动2）	给，送给
考える（かんがえる）④③	（他动2）	考虑；想象；看作，认为
おめでとう⓪	（寒暄）	祝贺，恭喜
マフラー（muffler）①	（名）	围巾

DVD（ディーブイディー）⑤	（名）	DVD光盘
MP4（エムピーフォー）⑤	（名）	MP4
音楽（おんがく）①	（名）	音乐
うれしい（嬉しい）③	（形）	高兴，开心，喜悦
見せる（みせる）②	（他动2）	给～看；出示
テーブル（table）⓪	（名）	餐桌，桌子
電気（でんき）①	（名）	电；电灯
消す（けす）⓪	（他动1）	关（电器）；熄灭；消除
いただく（頂く）⓪	（他动1）	吃，喝；领受
ケーキ（cake）①	（名）	蛋糕
甘い（あまい）⓪②	（形）	甜
言う（いう）⓪	（他动1）	说，告诉
もらう（貰う）⓪	（他动1）	得到，获得，收到
カード（card）①	（名）	卡片
くれる（呉れる）⓪	（他动2）	给（我）
そば（側／傍）①	（名）	旁边，身边，附近
大切（たいせつ）⓪	（形动）	重要；宝贵；爱惜
あたたかい（暖かい／温かい）④	（形）	温暖，暖和；温馨

 文法・文型の解説

1. 疑问词＋か

"か"接在疑问词的后面时，表示不确定的人、事物、时间、地点等。"疑问词＋か"用于问句时，构成一般疑问句。其后的助词为"が"和"を"时，可以省略。例如：

（1）どこかで李さんにお誕生日パーティーをしませんか。

（2）張：李さん、何か食べますか。

　　　李：じゃ、りんごをお願いします。

（3）先生：李さん、教室に誰かいますか。

　　　李：はい、王さんがいます。

2. AはBに～をあげます

"あげる"是表示人与人之间物品授受的动词之一，用于接受方B是说话者以外的其他人时。赠与方A可以是说话者，也可以是其他人。例如：

（1）私は張さんに誕生日プレゼントをあげました。
（2）張さんは王さんに日本語の辞書をあげました。
（3）鈴木さんはお母さんに絵をあげました。

3. BはAに（から）～をもらいます

"もらう"同样是表示人与人之间物品授受的动词之一，用于从赠与方A（说话者以外的其他人）那里得到物品时。接受方B可以是说话者，也可以是其他人。当B不是说话者时，"もらう"与"あげる"表达的意义基本相同，但侧重点不同。例如：

（1）私は友達から誕生日プレゼントをもらいました。
（2）李さんは王さんにプレゼントをもらいました。
　　　＝王さんは李さんにプレゼントをあげました。
（3）お母さんは鈴木さんから絵をもらいました。
　　　＝鈴木さんはお母さんに絵をあげました。

4. AはBに～をくれます

"くれる"也表示人与人之间的物品授受，用于赠与方A为别人，而接收方B是说话者或说话者一方的人时。B为说话者时，"Bに"部分可以省略。例如：

（1）王さんは私にプレゼントをくれました。
（2）先生は妹に本をくれました。
（3）父は新しいかばんをくれました。

5. 疑问词＋も＋否定

该句型表示全面否定。当疑问词后的助词为"が"和"を"时，可以省略。

（1）先生：李さん、教室に誰かいますか。
　　　李：いいえ、教室にだれもいません。
（2）王：張さん、昨日どこかへ行きましたか。
　　　張：いいえ、どこへも行きませんでした。
（3）昨日、わたしは何もしませんでした。

◇ 語彙・表現の解説

1. 词缀

本课中出现了1个词缀，具体用法如下表。

词缀	种类	意义	例词
～目（め）	后缀	第～；～点儿	1番目、二年目；早め

2. "知っています"和"知りません"

"知る"为1类动词，表示肯定时一般用"知っています"，意为"知道～，认识～"，而否定时则用"知りません"，意为"不知道，不认识"。

3. おめでとう

"おめでとう"表示恭喜之意，是"おめでとうございます"的省略形式。可用于祝贺生日、升学、晋升、毕业、就职、结婚等各种喜庆场合。用于熟悉的朋友时，常省略"ございます"。 本课的"お誕生日、おめでとう"表示"（祝你）生日快乐"。

4. プレゼントをどうぞ

这是一种省略了谓语动词的表达形式，意为"请～"。译成汉语时，需根据语境把动词翻译出来。本课中的"プレゼントをどうぞ"可译为"请收下礼物"。常见的还有"お茶／コーヒーをどうぞ。（请喝茶/咖啡）"

5. よかったです

用于事情有好的结果或朝好的方向发展时，相当于"太好了，太棒了"。

6. いただきます

这是典型的日式表达，日本人在吃饭前，习惯双手合十说"いただきます"，以示对动植物的生命、对生产加工食物及做饭的人等的感谢。习惯意译为"开动了，开始吃了"等。

❖ 練習用単語

傘（かさ）①	（名）	伞
働く（はたらく）⓪	（自动1）	工作
花（はな）②	（名）	花
今朝（けさ）①	（名）	今天早上
疲れる（つかれる）③	（自动2）	累，疲倦
おなか（お腹）⓪	（名）	肚子
痛い（いたい）②	（形）	疼，酸痛
もの（物）②⓪	（名）	东西
目（め）①	（名）	眼睛
時計（とけい）⓪	（名）	钟表
万年筆（まんねんひつ）③	（名）	钢笔
短い（みじかい）③	（形）	短

練習問題

一、从下列①、②、③、④中选出一个正确的读音。

(1) 音楽（　　）
　　① おんがく　　② おんらく　　③ おとがく　　④ おとらく
(2) 嬉しい（　　）
　　① くれしい　　② うわしい　　③ うれしい　　④ られしい
(3) 考える（　　）
　　① かんかえる　② かかえる　　③ かんがえる　④ がんがえる
(4) 甘い（　　）
　　① あむい　　　② あめい　　　③ あまい　　　④ めまい

二、写出划线部分假名的汉字。

(1) 今日は<u>かぜ</u>が<u>つめ</u>たくて<u>つよ</u>いですね。
(2) プレゼントをテーブルの上に<u>お</u>いて、<u>でんき</u>をけしましょう
(3) <u>たいせつ</u>な<u>かぞく</u>や友達がそばにいますから、とても<u>あたた</u>かいです。
(4) <u>きっさてん</u>で<u>たんじょうび</u>パーティーをしました。

三、从下列①、②、③、④中选出一个正确的答案。

(1) 今日は楊さんの誕生日です。王さんは楊さんに傘を（　　）ました。
　　① くれ　　　② あげ　　　③ もらい　　　④ つくり
(2) 先生は私に辞書を（　　）ました。
　　① くれ　　　② あげ　　　③ もらい　　　④ つくり
(3) 私は先生から日本語の本を（　　）ました。
　　① くれ　　　② あげ　　　③ もらい　　　④ つくり
(4) 私はそのことを誰（　　）言いませんでした。
　　① に　　　　② にも　　　③ とも　　　　④ と
(5) どこ（　　）で李さん誕生日パーティーをしましょう。
　　① に　　　　② と　　　　③ が　　　　　④ か

四、仿照例句替换划线部分，进行练习。

（1）例　どこかで、パーティーをしたいです。
　　　① どこかの会社で　　　働く
　　　② 誰かに　　　　　　　会う
　　　③ 何か　　　　　　　　飲む
　　　④ いつか　　　　　　　映画に行く

（2）例　王さんは李さんにプレゼントをあげました。
　　　① 私　　　　　　鈴木さん　　　　傘
　　　② 楊さん　　　　李さん　　　　　かばん
　　　③ 李さん　　　　彼女　　　　　　花
　　　④ 王さん　　　　お父さん　　　　ネクタイ

（3）例　王さんは李さんから／にプレゼントをもらいました。
　　　① 私　　　　　　母　　　　　　　スカート
　　　② 李さん　　　　鈴木さん　　　　切手
　　　③ 王さん　　　　彼　　　　　　　花
　　　④ 楊さん　　　　日本人の友達　　手紙

（4）例　先生は私に辞書をくれました。
　　　① 友達　　　　　妹　　　　　　　絵
　　　② 鈴木さん　　　私　　　　　　　本
　　　③ 王さん　　　　母　　　　　　　雑誌
　　　④ 上野さん　　　私　　　　　　　コップ

（5）例　今朝、何も食べませんでした。
　　　① 誰に　　　　　会う
　　　② どこへ　　　　行く
　　　③ 誰　　　　　　いる
　　　④ 何　　　　　　買う

第15课

五、将下列汉语翻译成日语。

（1）小李把这张很漂亮的邮票给了我。
（2）我从家人和朋友那里得到了很多生日礼物。
（3）老师把那本字典给了铃木。
（4）上周日，我哪里也没去。在家看电影了。
（5）咱们在哪儿给小李开个生日聚会吧？

六、仿照例句替换划线部分，进行口语练习。

（1）例　A：（a）昨日、（b）どこかに行きましたか。
　　　　　B：いいえ、（c）疲れましたから、（d）どこへも行きませんでした。張さんは？
　　　　　A：私は（e）映画を見に行きました。

① a 昼ごはん　　b 何か食べ　　　c おなかが痛いです
　 d 何も食べ　　e 日本料理を食べました
② a おとといl　 b 何か買い　　　c ほしいものがなかったです
　 d 何も買い　　e 傘を買いました
③ a 昨日の夜　　b 誰かとチャットし　c 目が痛かったです
　 d 誰ともチャットし　　　　　　e ネット友達とチャットしました

（2）例　A：その（a）傘、（b）きれいですね。
　　　　　B：ありがとう。（c）先週、（d）李さんがくれました。
　　　　　A：そうですか。（e）李さんにもらいましたか。いいですね。

① a 時計　　　b 小さくてかわいい　c 先月　　　d 母　　　e お母さん
② a 万年筆　　b 短くて面白い　　　c 去年　　　d 父　　　e お父さん
③ a かばん　　b かわいい　　　　　c 誕生日に　d 張さん　e 張さん

コラム

日本的送礼习惯

在日本人的日常生活中，向别人赠送礼物的情况相当多。除了7月中旬的"お中元（おちゅうげん）"和年末的"お歳暮（おせいぼ）"等重要传统节日外，日本人也以送礼的方式庆祝亲朋好友的结婚、生子、升学、就业等。

对于别人的赠礼（贈り物、おくりもの），一定要回礼（お返し、おかえし），这种观念在日本人心中根深蒂固。回礼一般在价格上会和赠礼相当，因此，在一般的日常交往中，过于贵重的礼物预示着对方也必须返还价格相当的物品，这会让对方产生很大的心理负担。

日本人外出旅行时，会从当地买回些小点心或小礼物等土特产（お土産、おみやげ），分赠给亲戚朋友或同事。搬到新家后，会到周围邻居家赠送如毛巾、亲手做的饼干等。礼物虽小，但既不失礼节，又不会给对方增添心理负担。

另外，中国人送礼讲究送双数，而日本只有在举行与宗教相关的法事活动时才用双数，尤其是婚礼的贺礼一定是单数，但一打、一对不在禁忌之内。给乔迁新居的朋友送礼时，

炉子、打火机等联想到火的东西是不吉利的。还有，刀子、剪子、镜子等联想到割断、破碎等的东西也是新婚贺礼的大忌。不过，中国忌讳的钟表，在日本却是很常见的礼物。

第二阶段小结

✧ 主要句型小结

动词

		句　型	例　句
作谓语	现在肯定	～は～ます。	李さんはよくお茶を飲みます。
	现在否定	～は～ません。	私はチャットをしません。
	过去肯定	～は～ました。	昨日、私はスーパーで買い物をしました。
	过去否定	～は～ませんでした。	去年、鈴木さんは日本にいませんでした。
中顿て形		～は～て、～は～ます。	王さんは買い物をして、映画を見に行きます。

动词"ます"形

句　型	意　义	例　句
～ませんか。	建议、邀请	一緒にコーヒーを飲みませんか。
～ましょう。	建议、邀请	一緒に行きましょう。
～たいです。	第一人称愿望	私は新しい携帯が買いたいです。
～へ～に行きます。	移动目的	昨日、映画館へ映画を見に行きました。
～方	～方法	電子辞書の使い方を知りたいです。

动词"て"形

句　型	意　义	例　句
～ています。	动作正在进行	李さんはいま朝ご飯を食べています。
	动作结果的持续	王さんは日本に行っています。
	习惯性动作	楊さんは毎朝日本語の本を読んでいます。
～てから、～ます。	两个动作的先后	先生が来てから、始めましょう。
～てもいいです。	允许、许可	今日は、早く帰ってもいいですよ。
～てはいけません。	禁止、不允许	ここで写真を撮ってはいけません。
～てください。	请求	どうぞ、ここに座ってください。
～てみます。	尝试	このコートを着てみました。

存在句

句　型	意　义	例　句
〜に〜があります。	某地有某物	机の上にコンピューターがあります。
〜に〜がいます。	某地有某人、某动物	いすの下に猫がいます。
〜は〜にあります。	某物在某地	日本語学科は4階にあります。
〜は〜にいます。	某人、某动物在某地	李さんは図書館にいます。

授受关系

句　型	意　义	例　句
AはBに〜をあげます。	给别人某物	私は王さんに本をあげました。
BはAから／に〜をもらいます。	从别人处得到某物	妹は先生から絵をもらいました。
AはBに〜をくれます。	别人给我（方）某物	父は私にMP4をくれました。

✧ 助词小结

助词	位　置	意　义	例　句
を	名词后	宾语	朝、私はお茶を飲みました。
まで	名词后	范围的终点	北京から東京まで3時間かかります。
で	名词后	工具、手段、方式	私はいつもバスで会社に行きます。
	名词后	动作主体的数量、范围	みんなで歌を歌いましょう。
	名词后	动作进行的场所	図書館の玄関で会いましょう。
に	名词后	时间点	学生たちはいつも6時に起きます。
	名词后	目的地	私は日本に行ってみたいです。
	名词后	存在地点	大学に学生がおおぜいいます。
	名词后	附着点	ここにお名前を書いてください。
	名词后	对象	王さんは李さんに電話を掛けました。
へ	名词后	方向	李さんはスーパーへ行きました。
と	名词后	比较的基准	李さんと同じぐらい日本語が上手です。
しか	名词后或其他	接否定形式，表限定	王さんはお茶しか飲みません。

第二阶段模拟试题

問題1、下の文の下線の漢字を平仮名で書きなさい。（1点×10）

（1）<u>地下鉄</u>に<u>乗り</u>ましょう。
（2）田中さんは<u>会社</u>を<u>休ん</u>でいます。
（3）昨日、<u>西</u>の<u>山</u>に<u>登り</u>ました。
（4）学生はよく<u>質問</u>します。
（5）来週の月曜日は<u>誕生日</u>です。
（6）試験は何時に<u>始まり</u>ますか。
（7）<u>自転車</u>で<u>出掛け</u>ます。
（8）<u>若い</u>人はよくメールを<u>送り</u>ます。
（9）<u>駅</u>の前に<u>映画館</u>があります。
（10）<u>冷蔵庫</u>に<u>牛乳</u>があります。

問題2、下の文の下線の言葉を漢字で書きなさい。（1点×10）

（1）<u>てんき</u>がいいですから、<u>せんたく</u>をしました。
（2）<u>なまえ</u>と<u>でんわばんごう</u>をここに書きます。
（3）私はよく<u>おんがく</u>をききます。
（4）<u>かぜ</u>を<u>ひき</u>ましたから、<u>くすり</u>を買いに行きました。
（5）張さんと王さんの<u>あいだ</u>にすわります。
（6）今日は<u>かぜ</u>が<u>つめたくて</u><u>つよい</u>です。
（7）<u>だいじょうぶ</u>ですから、<u>あんしん</u>してください。
（8）<u>あめ</u>が<u>ふり</u>ました。
（9）<u>まど</u>を<u>あけて</u>ください。

問題3、下の文の下線のところにどの言葉を入れますか。①②③④の中から一番いいものを選びなさい。（1.5点×20）

（1）アメリカに旅行_____行きます。
　　① が　　　② を　　　③ の　　　④ に
（2）わたしは日本語の辞書を_____、王さんは英語の辞書を買いました。
　　① 買って　② 買います　③ 買いて　④ 買いました
（3）毎晩何時_____寝ますか。
　　① に　　　② で　　　③ の　　　④ が
（4）毎日1時間_____日本語の本を読みます。
　　① ごろ　　② か　　　③ などに　　④ ぐらい

(5) 歌を_____ください。
　　① 歌いて　　② 歌きて　　③ 歌って　　④ 歌うて

(6) 写真はすこししか_____。
　　① 撮りました　　　　　② 撮ったです
　　③ 撮りませんでした　　④ 撮らなかったでした

(7) 学校から会社まで_____かかりますか。
　　① どのくらい　② どうして　③ いくつぐらい　④ どう

(8) 田中さんから果物_____もらいました。
　　① と　　② を　　③ に　　④ で

(9) 母は以前は郵便局で働きました_____、今は会社員です。
　　① が　　② に　　③ を　　④ へ

(10) あの子は絵を_____かきます。
　　① 上手　　② 上手な　　③ 上手に　　④ 上手で

(11) ネットカフェ_____どこにありますか。
　　① で　　② が　　③ は　　④ を

(12) ここはあまり_____ね。
　　① 静かではありません　　② 静かです
　　③ 静かでした　　　　　　④ 静かではなくです

(13) ここには新聞_____雑誌があります。
　　① は　　② を　　③ や　　④ も

(14) まだ時間がありますから、ゆっくり_____。
　　① 食べてください　　　② 食べないでください
　　③ 食べなかったです　　④ 食べたくないです

(15) この漢字の書き_____を教えてください。
　　① ところ　　② こと　　③ ひと　　④ かた

(16) わたしはもっと_____たいです。
　　① はなし　　② はなす　　③ はなした　　④ はなします

(17) りんごを_____ください。
　　① 3枚　　② 3冊　　③ 3本　　④ 3個

(18) 王さんは兄と同じ_____英語が上手です。
　　① ごろ　　② ぐらい　　③ な　　④ を

(19) 「どの本を買いますか。」「その赤い_____を買います。」
　　① な　　② の　　③ は　　④ も

(20) 私は家族_____MP4をもらいました。
　　① から　　② を　　③ は　　④ や

第二阶段模拟试题

問題 4、次の文と大体同じ意味の文はどれですか、①②③④から一番いいものを一つ選びなさい。（3点×5）

(1) 映画はもうすぐ始まります。
　　① 映画は今始まりました。　　② 映画はは今終わりました。
　　③ 映画はまだ始まりません。　　④ 映画はまだ終わっていません。
(2) わたしはラーメンが好きです。
　　① わたしはラーメンが嫌いです。　　② わたしはラーメンが下手です。
　　③ わたしはラーメンが食べたいです。
　　④ わたしはラーメンが遊びたいです。
(3) 机の上に、果物があります。
　　① 机の上に、リンゴがあります。　　② 机の上に、辞書があります。
　　③ 机の上に、新聞があります。　　④ 机の上に、ご飯があります。
(4) 玄関はあちらです。
　　① あちらから走ってください。　　② あちらから乗ってください。
　　③ あちらから入ってください。　　④ あちらから登ってください。
(5) 冬は、あまり寒くありません。
　　① 冬は、とても暑いです。　　② 冬は、少し暑いです。
　　③ 冬は、とても寒いです。　　④ 冬は、少し寒いです。

問題 5、次の中国語を日本語に訳しなさい。（4点×5）

(1) 考试8点开始10点结束。
(2) 我们一起去喝茶吧。
(3) 我想学习日语。
(4) 我正在教室读书。
(5) 妈妈送给我一本字典。

問題 6、次の日本語を中国語に訳しなさい。（3点×5）

(1) 二人で自転車に乗ります。
(2) 部屋に机やいすなどがあります。
(3) ちょっと休んでください。
(4) ここで話してはいけませんよ。
(5) 早く起きてください。

附录1 单词索引

(L：lesson 1：生词 2：练习用生词)

あ

あ	L4-1
あいだ（間）	L14-1
あう（会う）	L12-1
あお（青）	L9-1
あおい（青い）	L9-1
あかい（赤い）	L9-1
あかるい（明るい）	L8-1
あき（秋）	L11-1
あく（開く）	L13-1
アクセント（accent）	L7-1
あける（開ける）	L13-2
あげる（上げる）	L15-1
あさ（朝）	L11-1
あさって（明後日）	L10-2
アジア（Asia）	L4-2
あした（明日）	L6-2
あそこ	L6-1
あそぶ（遊ぶ）	L11-2
あたたかい（暖かい／温かい）	L15-1
あたま（頭）	L8-2
あたらしい（新しい）	L8-1
あつい（暑い）	L7-1
あと（後）	L11-1
あなた（貴方）	L4-1
アニメ（animation 略）	L7-1
あの	L5-1
あのう	L4-1
アパート（apartment house 略）	L11-1
あびる（浴びる）	L14-2
あぶない（危ない）	L13-1
あまい（甘い）	L15-1
あまり	L7-1
あめ（雨）	L12-1
アメリカ（America）	L4-2
あらう（洗う）	L13-1
ありがとうございます	L6-1
ある（有る／在る）	L12-1
あるく（歩く）	L14-2
あれ	L5-1
あんしん（安心）	L14-1

い

いい／よい（良い）	L7-1
いいえ	L4-1
いう（言う）	L15-1
いえ（家）	L11-2
いく（行く）	L11-1
いくつ（幾つ）	L5-1
いくら	L9-1
いしゃ（医者）	L5-1
いす（椅子）	L12-1
いそがしい（忙しい）	L8-2
いたい（痛い）	L15-2
いただく（頂く）	L15-1
いちにち（一日）	L8-1
いちばん（一番）	L9-1
いつ（何時）①	L8-1
いっしょ（一緒）	L11-1
いつも	L10-1
いぬ（犬）	L12-2
いま（今）	L5-1
いもうと（妹）	L5-1

いらっしゃる	L9-1	おおぜい（大勢）	L12-1
いる（居る）	L12-1	おかあさん（お母さん）	L5-1
いれる（入れる）	L14-2	おかね（お金）	L9-1
いろ（色）	L9-1	おきる（起きる）	L11-1
いろいろ（色々）	L12-1	おく（置く）	L14-2
〜いん（員）	L5-1	おくる（送る）	L10-1
インターネット（internet）／ネット	L10-1	おくれる（遅れる）	L14-1
		おさけ（お酒）	L10-2
う		おしえる（教える）	L13-1
うえ（上）	L12-1	おす（押す）	L14-1
うえの（上野）	L4-2	おそい（遅い）	L11-1
うしろ（後ろ）	L12-2	おちゃ（お茶）	L7-2
うすい（薄い）	L9-1	おとうさん（お父さん）	L5-1
うた（歌）	L11-2	おとこ（男）	L4-1
うたう（歌う）	L11-2	おととい（一昨日）	L10-1
うち（内／家）	L6-1	おととし（一昨年）	L12-1
うる（売る）	L10-2	おなか（お腹）	L15-2
うれしい（嬉しい）	L15-1	おなじ（同じ）	L7-1
		おねえさん（お姉さん）	L5-1
え		おねがいします（お願いします）	L4-1
え（絵）	L5-2	おはよう（ございます）	L7-1
えいが（映画）	L7-2	オフライン（off-line）	L10-1
えいがかん（映画館）	L11-2	おぼえる（覚える）	L14-1
えいご（英語）	L4-1	おめでとう	L15-1
ええ	L5-1	おもい（重い）	L9-1
えき（駅）	L11-1	おもしろい（面白い）	L7-1
えっ	L4-1	およぐ（泳ぐ）	L13-2
エムピーフォー（MP4）	L15-1	おわる（終わる）	L11-2
エルエルきょうしつ（LL教室）	L6-1	おんがく（音楽）	L15-1
エレベーター（elevator）	L6-1	おんな（女）	L4-1
えん（円）	L9-2	オンライン（on-line）	L11-1
お		か	
お／ご（御）〜	L5-1	カード（card）	L15-1
おいしい（美味しい）	L7-2	〜かい（回）	L13-1
おう（王）	L4-1	〜かい（階）	L6-1
おおい（多い）	L8-1	がいこく（外国）	L4-1
おおきい（大きい）	L8-2	かいしゃ（会社）	L5-1

新标准大学日语（第一册）

· 152 ·

かいだん（階段）	L6-1	きっぷ（切符）	L14-2
かいもの（買い物）	L12-1	きのう（昨日）	L6-2
かう（買う）	L10-1	ぎゅうにゅう（牛乳）	L13-1
かえる（帰る）	L11-1	きょう（今日）	L6-2
かお（顔）	L13-1	きょうしつ（教室）	L6-1
かかる（掛かる）	L13-1	きょうと（京都）	L9-2
かく（書く）	L12-1	きょねん（去年）	L6-1
がくせい（学生）	L4-1	きらい（嫌い）	L8-2
〜かげつ（か月）	L8-1	きる（着る）	L14-2
かける（掛ける）	L14-1	きれい（奇麗）	L7-1
かさ（傘）	L15-2	ぎんこう（銀行）	L5-1
かし（菓子）	L5-2		
かぜ（風）	L15-1	く	
かぜ（風邪）	L14-1	くすり（薬）	L14-1
かぞく（家族）	L5-1	くださる	L9-1
〜かた（方）	L13-1	くだもの（果物）	L9-2
〜がつ（月）	L8-1	〜くみ（組）	L6-1
がっか（学科）	L4-1	くもり（曇り）	L12-1
がっこう（学校）	L6-2	〜ぐらい／くらい	L9-1
かのじょ（彼女）	L4-2	クラス（class）	L6-1
かばん（鞄）	L5-2	くる（来る）	L10-2
かみ（紙）	L9-1	くるま（車）	L11-2
カメラ（camera）	L8-1	くれる（呉れる）	L15-1
からだ（体）	L15-1		
かりる（借りる）	L12-2	け	
かるい（軽い）	L9-1	けいたい（携帯）	L8-1
かれ（彼）	L4-2	ケーキ（cake）	L15-1
〜がわ（側）	L6-1	けさ（今朝）	L15-2
かわいい（可愛い）	L8-2	けす（消す）	L15-1
〜かん（間）	L10-1	けっこう（結構）	L9-1
かんがえる（考える）	L15-1	〜げん（元）	L9-1
		げんかん（玄関）	L13-1
き		げんき（元気）	L8-1
き（気）	L13-1		
きく（聞く）	L13-1	こ	
きた（北）	L12-1	こ（子）	L4-1
きっさてん（喫茶店）	L6-2	〜こ（個）	L12-1
きって（切手）	L12-2	〜ご（語）	L4-1

・153・

～ご（後）	L13-1	さむい（寒い）	L7-2
こう	L13-1	～さん	L4-1
こうえん（公園）	L6-2	さんぽ（散歩）	L11-2
こうがくぶ（工学部）	L4-1		
こえ（声）	L13-1	**し**	
コート（coat）	L14-2	～じ（時）	L10-1
コーナー（corner）	L12-1	しかし	L6-1
コーヒー（coffee）	L10-2	じかん（時間）	L10-1
ここ	L6-1	しけん（試験）	L7-1
ごご（午後）	L8-1	しごと（仕事）	L5-2
ごぜん（午前）	L8-1	じしょ（辞書）	L5-2
こたえる（答える）	L14-1	しずか（静か）	L7-2
こちら	L6-1	しつもん（質問）	L13-1
こっち	L10-1	じてんしゃ（自転車）	L11-1
コップ（荷 kop）	L5-2	しぬ（死ぬ）	L13-2
こと（事）	L10-1	じぶん（自分）	L14-1
ことし（今年）	L6-1	じむしつ（事務室）	L6-1
ことば（言葉）	L7-1	しめる（閉める）	L13-2
こども（子供）	L4-2	じゃ	L9-1
この	L5-1	しゃしん（写真）	L5-1
ごはん（ご飯）	L9-2	シャワー（shower）	L14-2
こまる（困る）	L14-1	～しゅう（週）	L13-1
コメント（comment）	L13-1	～じゅう（中）	L8-1
これ	L5-1	じゅぎょう（授業）	L7-2
～ごろ（頃）	L10-1	しゅくだい（宿題）	L13-1
こんしゅう（今週）	L12-1	じょうず（上手）	L8-1
こんにちは	L5-1	しょくどう（食堂）	L6-2
こんばん（今晩）	L10-1	しる（知る）	L15-1
コンピューター（computer）	L4-1	しろい（白い）	L9-2
		～じん（人）	L4-1
さ		しんかんせん（新幹線）	L8-2
さあ	L5-1	しんぶん（新聞）	L14-1
～さい（歳）	L5-1		
サイト（site）	L14-1	**す**	
さき（先）	L10-1	すう（吸う）	L10-2
～さつ（冊）	L9-1	スーパー（supermarket 略）	L6-2
ざっし（雑誌）	L5-2	スカート（skirt）	L9-2

すき（好き）	L8-1	それから	L9-1
すぐ①	L7-1		
すくない（少ない）	L9-1	た	
すこし（少し）	L8-1	だい〜（大）	L8-1
すし（寿司）	L7-2	だい〜（第）	L4-1
すずき（鈴木）	L4-2	〜だい（台）	L12-1
すずしい（涼しい）	L7-1	だいがく（大学）	L4-1
すばらしい（素晴らしい）	L13-1	だいじょうぶ（大丈夫）	L7-1
スポーツ（sports）	L9-2	たいせつ（大切）	L15-1
すみません	L4-1	だいたい（大体）	L10-1
する	L10-1	たいてい（大抵）	L11-1
すわる（座る）	L14-1	だいどころ（台所）	L12-2
		たいへん（大変）	L7-1
せ		たかい（高い）	L8-2
せ（背）	L9-2	だから	L7-1
〜せい（生）	L4-1	たくさん（沢山）	L10-1
せいかつ（生活）	L11-1	タクシー（taxi）	L11-2
ぜひ	L13-1	だす（出す）	L12-2
せまい（狭い）	L9-1	〜たち（達）	L4-1
せんげつ（先月）	L12-1	たつ（立つ）	L14-2
せんしゅう（先週）	L13-1	〜だて（建て）	L6-1
せんせい（先生）	L4-2	たてもの（建物）	L6-1
せんたく（洗濯）	L13-1	たのしい（楽しい）	L7-1
ぜんぶ（全部）	L8-1	たのむ（頼む）	L14-1
せんもん（専門）	L4-1	タバコ（煙草／葡 tabaco）	L10-2
		たべる（食べる）	L10-2
そ		たまご（卵）	L8-2
そう	L4-1	だれ（誰）	L5-2
そうごがくしゅう（相互学習）	L7-1	たんじょうび（誕生日）	L15-1
そうだ	L6-1	だんだん（段々）	L14-1
そこ	L6-1		
そして	L4-1	ち	
そっち	L10-1	ちいさい（小さい）	L9-1
そと（外）	L11-1	ちがう（違う）	L11-1
その	L5-1	ちかく（近く）	L9-1
そば（側／傍）	L15-1	ちかてつ（地下鉄）	L11-2
それ	L5-1	ちち（父）	L5-1

チャット（chat）	L10-1	でんし（電子）	L9-1
〜ちゅう（中）	L11-1	でんしゃ（電車）	L11-1
ちゅうごく（中国）	L4-1	でんわ（電話）	L8-1
ちょう（張）	L4-1		
ちょうど	L7-1	と	
ちょっと	L7-1	ドア（door）	L13-2
		トイレ（toilet）	L6-2
つ		どう	L7-1
つかう（使う）	L10-1	とうきょう（東京）	L4-2
つかれる（疲れる）	L15-2	どうぞ	L4-1
つぎ（次）	L8-1	どうも	L14-1
〜つき（付き）	L8-1	とき（時）	L10-1
つき（月）	L8-1	ときどき（時々）	L10-1
つきみ（月見）	L8-1	とけい（時計）	L15-2
つく（着く）	L11-1	どこ	L6-1
つくえ（机）	L12-1	ところ（所）	L12-1
つくる（作る）	L14-1	としょかん（図書館）	L8-1
つける（付ける）	L13-1	どちら	L6-1
つまらない	L8-1	とても	L7-1
つみかさね（積み重ね）	L7-1	となり（隣）	L6-1
つめたい（冷たい）	L15-1	どのくらい	L10-1
つよい（強い）	L15-1	ともだち（友達）	L6-1
		とる（取る）	L12-2
		とる（撮る）	L13-2
て		どれ①	L5-1
て（手）	L13-2	どんな①	L9-1
ディーブイディー（DVD）	L15-1		
テーブル（table）	L15-1	な	
でかける（出掛ける）	L11-2		
てがみ（手紙）	L12-2	ない（無い）	L9-1
できる（出来る）	L14-1	なか（中）	L5-1
では／じゃ	L5-1	ながい（長い）	L9-2
デパート（department store 的略写）	L12-1	なつ（夏）	L10-2
でも	L7-1	なに（何）	L7-1
でる（出る）	L13-1	なまえ（名前）	L13-1
テレビ（television 的略写）	L5-2	なん（何）	L5-1
てんき（天気）	L13-1		
でんき（電気）	L15-1	に	

にぎやか（賑やか）	L7-2	はたらく（働く）	L15-2
にし（西）	L12-1	はな（花）	L15-2
〜にち（日）	L8-1	はなし（話）	L14-1
にっき（日記）	L8-1	はなす（話す）	L12-1
にほん（日本）	L4-1	はは（母）	L5-1
ニュース（news）	L10-1	はやい（速い／早い）	L8-2
にわ（庭）	L12-2	はる（春）	L11-1
〜にん（人）	L5-1	はれ（晴れ）	L8-1
		〜はん（半）	L10-1
ね		パン（葡 pão）	L13-1
ネクタイ（necktie）	L9-2	ばんごう（番号）	L14-2
ねこ（猫）	L12-2	ばんりのちょうじょう（万里の長城）	L12-1
ねだん（値段）	L9-1		
ネットカフェ（net café）	L5-1	ひ	
ねる（寝る）	L11-1	ひがし（東）	L12-1
〜ねん（年）	L4-1	ひく（引く）	L14-1
		ひこうき（飛行機）	L10-2
の		ひだり（左）	L6-1
ノート（note）	L14-1	ひと（人）	L5-2
のぼる（登る）	L12-1	ひとりっこ（一人っ子）	L5-1
のむ（飲む）	L10-2	ひま（暇）	L14-1
のる（乗る）	L14-2	びょういん（病院）	L6-2
		びょうき（病気）	L14-1
は		ひる（昼）	L11-1
は（歯）	L13-1	ひろい（広い）	L8-2
パーティー（party）	L7-2		
はい	L4-1	ふ	
バイト／アルバイト（徳 Arbeit）	L10-1	ふゆ（冬）	L11-1
はいる（入る）	L13-2	ふる（降る）	L13-2
はじまる（始まる）	L11-1	ふるい（古い）	L9-1
はじめ（初め）	L14-1	プレゼント（present）	L15-1
はじめて（初めて）	L14-1	ふろ（風呂）	L13-2
はじめまして（初めまして）	L4-1	ブログ（blog）	L13-1
はじめる（始める）	L14-1	〜ふん（分）	L10-1
はしる（走る）	L11-2		
バス（bus）	L11-1	へ	
パソコン（personal computer 略）	L10-1	ページ（page）	L14-1

附録一

・157・

ぺきん（北京）	L4-2	みせ（店）	L6-2
へた（下手）	L8-2	みせる（見せる）	L15-1
ベッド（bed）	L12-1	みどり（緑）	L9-1
へや（部屋）	L6-1	みなみ（南）	L12-1
べんきょう（勉強）	L7-1	みる（見る）	L10-1
べんり（便利）	L7-2	みんな（皆）	L6-1

ほ

む

ほう（方）	L9-1	むこう（向こう）	L6-1
ボールペン（ball pen）	L12-1	むずかしい（難しい）	L7-1
ほか（外／他）	L6-1		
ほしい（欲しい）	L8-1	**め**	
ボタン（葡 botão）	L14-1	〜め（目）	L15-1
ほら	L8-1	め（目）	L15-2
ほん（本）	L5-2	メール（mail）	L8-1
〜ほん（本）	L12-1	メッセージ（message）	L10-1
ほんだな（本棚）	L12-2		
ほんとう（本当）	L9-1	**も**	
		もう	L7-1
ま		もく（木）	L8-1
まい〜（毎）	L11-1	もしもし	L12-1
〜まい（枚）	L12-1	もちろん	L9-1
まいにち（毎日）	L10-2	もつ（持つ）	L13-1
まえ（前）	L6-1	もっと	L9-2
また（又）	L11-1	もの（物）	L15-2
まだ	L6-1	もらう（貰う）	L15-1
まち（町）	L7-2		
まつ（待つ）	L13-2	**や**	
まど（窓）	L13-2	〜や（屋）	L9-1
マフラー（muffler）	L15-1	やきゅう（野球）	L9-2
まるい（丸い）	L8-1	やさしい（易しい／優しい）	L7-1
まんねんひつ（万年筆）	L15-2	やすい（安い）	L8-1
		やすみ（休み）	L10-2
み		やすむ（休む）	L11-1
みがく（磨く）	L13-1	やま（山）	L14-2
みぎ（右）	L6-1	やる（遣る）	L14-1
みじかい（短い）	L15-2		

ゆ		りっぱ（立派）	L8-1
ユーエスビーメモリー（USB memory）	L5-1	りゅうがく（留学）	L4-2
ゆうがた（夕方）	L10-1	りょう（寮）	L11-1
ゆうびんきょく（郵便局）	L6-2	りょうしん（両親）	L5-1
ゆっくり	L11-1	りょうり（料理）	L7-2
		りょこう（旅行）	L12-1
よ		りんご	L8-2
よう（楊）	L4-2		
よく	L10-1	れ	
よぶ（呼ぶ）	L13-1	れいぞうこ（冷蔵庫）	L12-2
よむ（読む）	L13-1	レストラン（restaurant）	L6-2
よる（夜）	L10-1	れんしゅう（練習）	L12-1
よろしく	L4-1		
		ろ	
ら		ログイン（log in）	L10-1
ラーメン	L8-1		
らいしゅう（来週）	L15-1	わ	
らく（楽）	L7-1	わかい（若い）	L10-1
ラジオ（radio）	L5-2	わかる（分かる）	L11-1
		わたし（私）	L4-1
り		わるい（悪い）	L9-1
り（李）	L4-1		

附录2 语法项目索引

AとBとどちら（のほう）が～ですか	L9	に（目的地）	L11
AはBより～です	L9	に（时间）	L11
AはBに～をあげます	L15	～に（は）～ があります／います	L12
AはBに～をくれます	L15	の（修饰名词）	L4
AはBほど＋否定	L9	の（准体助词）	L9
BはAに（から）～をもらいます	L15	～は～が～です	L8
BよりAのほうが～です	L9	～は～がほしいです	L8
あまり＋否定	L7	～は～くて（形）／で（形动）、～です	L8
～い（形）～／～な（形动）～	L8	～は～たいです	L12
が（主语）	L7	～は～でした／ではありませんでした	L6
が（转折关系）	L6	～は～です（名词）	L4
から(起点)	L7	～は～です（形容词）	L7
から（原因）	L8	～は～ですか	L4
～く（形）／に（形动）～ます	L10	～は～ですか、～ですか	L5
ここ／そこ／あそこは～です	L6	～は～ではありません	L4
この／その／あの～は～です	L5	～は～で、～は～です	L5
これ／それ／あれは～です	L5	～は～て、（～は）～ます	L13
～しか～ません	L13	～はどうですか（建议）	L7
で（动作进行的场所）	L12	～はどうですか（询问事物的性质）	L8
で（动作主体的数量、范围）	L11	～は～にあります／います	L12
で（工具、手段、方式）	L10	～は～ます／ません／ました／ませんでした	L10
～ています	L13	～は形容动词词干です	L7
～で、～が一番～です	L9	へ（方向）	L11
～てから、～ます	L14	～へ～に行きます	L12
～てください	L14	～ましょう	L11
～てはいけません	L13	～ませんか	L11
～てみます	L14	まで	L10
～てもいいです	L13	も	L5
と（并列）	L4	～も～も	L6
と（共同动作的对象）	L7	～や～など	L12
と（比较基准）	L10	を	L10
に（附着点）	L14	疑问词＋か	L15
に（对象）	L14	疑问词＋も＋否定	L15